PANORAMAS

CADERNO DE ATIVIDADES
LÍNGUA PORTUGUESA
8

CRISTINA HÜLLE

Bacharel e licenciada em Letras pela Pontifícia Universidade Católica de São Paulo (PUC-SP).
Licenciada em Pedagogia pela PUC-SP.
Pós-graduada em Psicopedagogia pela PUC-SP.
Professora de Língua Portuguesa na rede particular de ensino.
Autora de livros didáticos para a Educação Infantil e para o Ensino Fundamental.

ANGÉLICA PRADO

Licenciada em Letras pelas Faculdades Integradas Teresa D'Ávila.
Pós-graduada em Psicopedagogia e Psicomotricidade pelo Centro Universitário Salesiano de São Paulo.
Professora de Língua Portuguesa na rede particular de ensino.
Autora de livros didáticos para a Educação Infantil e para o Ensino Fundamental.

Copyright © Cristina Tibiriçá Hülle, Angélica Alves Prado Demasi, 2019

Diretor de conteúdo e negócios	Ricardo Tavares de Oliveira
Diretora editorial adjunta	Silvana Rossi Júlio
Gerente editorial	Roberto Henrique Lopes da Silva
Editora	Nubia de Cassia de Moraes Andrade e Silva
Editora assistente	Sarita Borelli
Assistente editorial	Vanessa do Amaral
Assessoria	Roberta Oliveira Stracieri
Coordenador de produção editorial	Marcelo Henrique Ferreira Fontes
Gerente de arte	Ricardo Borges
Coordenadora de arte	Daniela Máximo
Projeto gráfico e capa	Sergio Cândido
Foto de capa	Orbon Alija/Getty Images
Supervisor de arte	Vinicius Fernandes dos Santos
Editor de arte	Daniel Cilli
Diagramação	Essencial Design
Tratamento de imagens	Ana Isabela Pithan Maraschin, Eziquiel Racheti
Coordenadora de ilustrações e cartografia	Marcia Berne
Coordenadora de preparação e revisão	Lilian Semenichin
Supervisora de preparação e revisão	Viviam Moreira
Revisão	Adriana Périco, Caline Devèze, Camila Cipoloni, Carina de Luca, Célia Camargo, Felipe Bio, Fernanda Marcelino, Fernanda Rodrigues, Fernando Cardoso, Paulo Andrade, Pedro Fandi, Rita Lopes, Veridiana Maenaka
Supervisora de iconografia e licenciamento de textos	Elaine Bueno
Iconografia	Marcia Trindade, Enio Lopes, Joanna Heliszkowski
Licenciamento de textos	Erica Brambila, Bárbara Clara
Supervisora de arquivos de segurança	Silvia Regina E. Almeida
Diretor de operações e produção gráfica	Reginaldo Soares Damasceno

---

Dados Internacionais de Catalogação na Publicação (CIP)
(Câmara Brasileira do Livro, SP, Brasil)

Hülle, Cristina Tibiriçá
   Panoramas língua portuguesa 8 : caderno de atividades /
Cristina Tibiriçá Hülle, Angélica Alves Prado Demasi. –
1. ed. – São Paulo : FTD, 2019.

   ISBN 978-85-96-02458-7 (aluno)
   ISBN 978-85-96-02459-4 (professor)

   1. Português (Ensino fundamental) I. Demasi, Angélica
Alves Prado. II. Título.

19-27093   CDD-372.6

Índices para catálogo sistemático:

1. Português : Ensino fundamental   372.6

Maria Alice Ferreira - Bibliotecária - CRB-8/7964

1 2 3 4 5 6 7 8 9

Envidamos nossos melhores esforços para localizar e indicar adequadamente os créditos dos textos e imagens presentes nesta obra didática. No entanto, colocamo-nos à disposição para avaliação de eventuais irregularidades ou omissões de crédito e consequente correção nas próximas edições. As imagens e os textos constantes nesta obra que, eventualmente, reproduzam algum tipo de material de publicidade ou propaganda, ou a ele façam alusão, são aplicados para fins didáticos e não representam recomendação ou incentivo ao consumo.

Reprodução proibida: Art. 184 do Código Penal e Lei 9.610 de 19 de fevereiro de 1998.
Todos os direitos reservados à **EDITORA FTD**.

Rua Rui Barbosa, 156 – Bela Vista – São Paulo – SP
CEP 01326-010 – Tel. 0800 772 2300
Caixa Postal 65149 – CEP da Caixa Postal 01390-970
www.ftd.com.br
central.relacionamento@ftd.com.br

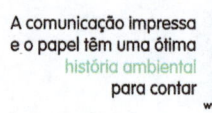

APRESENTAÇÃO

Estudar não é fácil. Exige dedicação, disciplina, empenho e disposição para aprender. Com os estudos, é possível adquirir conhecimento, uma das chaves para compreender o mundo em que vivemos e solucionar os problemas que estão à nossa volta.

Os desafios apresentados nos Cadernos de Atividades da coleção Panoramas irão ajudá-lo nessa tarefa. Eles permitirão a você rever, aprofundar e aplicar os conhecimentos adquiridos em sala de aula. Os exercícios que você encontrará também o auxiliarão a perceber suas potencialidades e a identificar suas dificuldades.

Esperamos que este material o ajude a consolidar os saberes dessa fase da vida escolar. Desse modo, é possível que você também se torne um divulgador de conhecimento, informação e cultura. Quando compartilhamos o que sabemos, podemos aprender ainda mais!

Bons estudos!

SUMÁRIO

UNIDADE 1 – PRONOMES E COESÃO TEXTUAL • 6

Pronomes 6
Coesão textual 11
Acento diferencial 14

UNIDADE 2 – TRANSITIVIDADE VERBAL E ADJUNTO ADNOMINAL • 17

Transitividade verbal e complementos do verbo 17
Adjunto adnominal 22
Formação de palavras e usos do hífen 26

UNIDADE 3 – FIGURAS DE LINGUAGEM • 29

Figuras de linguagem 29
Regência verbal 35
Dificuldades ortográficas 39

UNIDADE 4 – APOSTO, VOCATIVO E ADJUNTO ADVERBIAL • 41

Aposto e vocativo 41
Adjunto adverbial 45
Usos de **meio** e **meia** 50

UNIDADE 5 – REGÊNCIA NOMINAL E VOZES VERBAIS • 53

Regência nominal 53
Complemento nominal 56
Vozes verbais 59
Uso de **a fim de** 66

UNIDADE 6 – CONCORDÂNCIA VERBAL E NOMINAL E PREDICATIVOS • 68

Concordância verbal e concordância nominal: casos especiais 68
Predicativo do sujeito e predicativo do objeto 72
Crase 75

UNIDADE 7 – PERÍODO COMPOSTO POR COORDENAÇÃO E COLOCAÇÃO PRONOMINAL • 78

Período composto por coordenação 78
Colocação pronominal 82
Usos de **por que, por quê, porque, porquê** 85

UNIDADE 8 – PERÍODO COMPOSTO POR SUBORDINAÇÃO E PONTUAÇÃO • 87

Período composto por subordinação 87
Período composto por subordinação – Orações subordinadas
substantivas 91
Pontuação: vírgula 94

UNIDADE 1 — PRONOMES E COESÃO TEXTUAL

Pronomes

1 Leia o diálogo a seguir.

— Olá, Mariana! Como estão seus netos?
— Estão bem, mas **alguns** ainda não se recuperaram da infecção.
— É assim mesmo. Pode demorar para **todos** se restabelecerem.

• Como são classificados os pronomes destacados e a qual pessoa do discurso eles se referem?

a) ☐ Pronome relativo; 1ª pessoa.
b) ☐ Pronome interrogativo; 3ª pessoa.
c) ☐ Pronome indefinido; 3ª pessoa.
d) ☐ Pronome demonstrativo; 1ª pessoa.

2 Leia um trecho da bula a seguir.

> **Paracetamol**
> *Medicamento genérico Lei nº 9.787, de 1999.*
>
> APRESENTAÇÃO
> *Solução oral/gotas 200 mg/mL*
> Embalagem contendo 01 frasco com 15 mL.
> [...]
> COMPOSIÇÃO
> [...]
> **Cada** gota equivale a aproximadamente 13,3 mg de paracetamol.
>
> ANVISA. Paracetamol. Disponível em: <http://www.anvisa.gov.br/datavisa/fila_bula/frmVisualizarBula.asp?pNuTransacao=8011622018&pIdAnexo=10727212>. Acesso em: 5 jun. 2019.

• Sobre a palavra em destaque, assinale a alternativa correta.

a) ☐ É um pronome interrogativo pois é usado para a formulação de pergunta indireta.
b) ☐ É um pronome indefinido porque designa de forma imprecisa um elemento que é parte de uma totalidade.
c) ☐ É um pronome relativo porque relaciona a gota à medida do medicamento.
d) ☐ É um adjetivo que caracteriza **gota**.

3 Leia a seguir um trecho da obra **O cortiço**, de Aluísio Azevedo.

> [...]
> As casinhas eram alugadas por mês e as tinas por dia; tudo pago adiantado. O preço de cada tina, metendo a água, quinhentos réis; sabão à parte. As moradoras do cortiço tinham preferência e não pagavam nada para lavar.
> Graças à abundância da água que lá havia, como em nenhuma outra parte, e graças ao muito espaço de que se dispunha no cortiço para estender a roupa, a concorrência às tinas não se fez esperar; acudiram lavadeiras de todos os pontos da cidade, entre elas algumas vindas de bem longe.
> [...]
>
> Aluísio Azevedo.

a) Sublinhe os pronomes indefinidos presentes no texto.

b) No trecho "acudiram lavadeiras de **todos** os pontos da cidade, entre elas **algumas** vindas de bem longe", qual o efeito de sentido gerado pelo uso das palavras em destaque?

_____
_____
_____

4 Crie três frases utilizando alguns dos pronomes indefinidos indicados no quadro.

muito(a)(s)	cada	diversos(as)
qualquer/quaisquer	nenhum(a)	todo(a)(s)
algum(a)(s)/alguns	alguém	certo(a)(s)
tudo	outro(a)(s)	pouco(a)(s)
ninguém	nada	bastante(s)

_____
_____
_____

5 Observe as frases que você criou no exercício anterior. Qual o efeito de sentido causado pelo uso de pronomes indefinidos?

_____
_____
_____

7

6 Em todas as orações a seguir, há pronomes. Assinale a alternativa que apresenta um pronome interrogativo.

a) ☐ Não fui bem naquela prova de recuperação.
b) ☐ A filha fez essa bagunça no quarto.
c) ☐ A comida para uns é melhor do que remédio.
d) ☐ Diga, na sua opinião, qual é o melhor horário para o café da tarde.

7 Agora, na coluna II, identifique e classifique os pronomes.

Coluna I	Coluna II
Não fui bem naquela prova de recuperação.	
A filha fez essa bagunça no quarto.	
A comida para uns é melhor do que remédio.	
Diga, na sua opinião, qual é o melhor horário para o café da tarde.	

8 Entre os pronomes interrogativos indicados no quadro, empregue o que for mais adequado em cada pergunta do diálogo a seguir.

| onde | quando | quem | por quê | qual | que |

— _____ comprou esse ventilador?

— Fui eu.

— _____?

— Estava muito calor.

— _____ você o comprou?

— Comprei pela internet.

— Ah... que legal! E _____ chegou?

— Chegou ontem.

— _____ marca é essa?

— É uma marca nova, mas muito recomendada.

— _____ foi o valor?

— 200 reais.

— Que caro!

9 Assinale a alternativa em que os pronomes interrogativos completam adequadamente as lacunas do texto a seguir.

Perguntei ao atendente dos Correios _____ foi o dia em que o pacote foi postado, pois queria saber quando chegariam as encomendas. Ele me pediu para informar _____ tipo de postagem eu tinha feito. Eu disse que não me lembrava do tipo, apenas de _____ eu tinha pago.

a) ☐ qual, que, quanto.
b) ☐ quem, quanto, qual.
c) ☐ que, quanto, qual.
d) ☐ qual, quanto, quem.

10 Assinale a alternativa que apresenta os pronomes que completam adequadamente as frases a seguir.

I. O livro _____ estou lendo é empolgante.
II. A cidade _____ ele nasceu fica no interior.
III. As pessoas com _____ estudo são inteligentes.
IV. O assunto sobre _____ conversamos é interessante.
V. Vale a pena conhecer aquela exposição _____ obras são magníficas.

a) ☐ onde, que, quem, cujo, no qual.
b) ☐ que, onde, quem, o qual, cujas.
c) ☐ no qual, em que, que, o qual, cujo.
d) ☐ que, em que, quem, o que, cujos.

11 Assinale a alternativa em que foi empregado corretamente um pronome relativo.

a) ☐ Resolvi uma questão grave quem eu mesma criei.
b) ☐ Trata-se de uma aluna cujo os professores admiram.
c) ☐ Assistimos a um filme de que gostamos muito.
d) ☐ Este livro os quais recomendamos é fascinante.

12 Una as orações a seguir utilizando o pronome relativo **cujo**. Se necessário, faça alterações de gênero e grau no pronome.

I. A exposição atraiu um público enorme.
II. As obras são fantásticas.

_____
_____

13 Leia a seguir o trecho de uma entrevista com Lilia Guerra, autora do livro **Perifobia**.

Perifobia, "a periferia é sempre mais distante"

Lilia Guerra, paulistana moradora de Cidade Tiradentes, conta sobre sua formação como leitora e escritora, e reflete a respeito de seu livro de estreia nos contos, o "Perifobia", lançado em 2018 pela editora Patuá.

Quando e como começou seu interesse pelos livros e o desejo de escrever?

A primeira casa da minha infância ficava numa rua onde circulavam ônibus e, por isso, eu só tinha permissão pra brincar no quintal. Uma infância um tanto solitária. Amigas mesmo, eu tinha duas: a TV Colorado em preto e branco e a vitrolinha Philips portátil. Desenhos animados e disquinhos que contavam fábulas e contos foram o que despertou em mim o interesse por conhecer histórias. Então, vieram os livros. [...]

RUIZ, Tereza. Perifobia, "a periferia é sempre mais distante". **Escrevendo o futuro**, 14 jun. 2018. Disponível em: <https://www.escrevendoofuturo.org.br/blog/literatura-em-movimento/perifobia-a-periferia-e-sempre-mais-distante/>. Acesso em: 5 jun. 2019.

a) Busque no texto e sublinhe os pronomes relativos.

b) Os pronomes relativos podem retomar substantivos ou pronomes antecedentes. Escreva, a seguir, quais expressões os pronomes grifados retomam.

_____
_____
_____

14 Indique a função gramatical da palavra **onde** em cada um dos fragmentos dos contos **Chapeuzinho Vermelho** e **O patinho feio**.

I.

— Muito bem! E onde mora sua avó?

Jacob e Wilhelm Grimm

II.

Novamente caminhou, caminhou, procurando um lugar onde não sofresse.

Jacob e Wilhelm Grimm

_____
_____

Coesão textual

15 Leia um trecho do romance **O barão nas árvores**, de Italo Calvino.

[...]
Já disse que passávamos horas e horas em cima das árvores, e não por motivos utilitários como fazem tantos meninos que sobem nas árvores apenas para apanhar frutas ou ninhos de pássaros, mas pelo prazer de superar difíceis saliências do tronco e forquilhas, e chegar o mais alto possível, e encontrar bons lugares para ficar olhando o mundo lá embaixo e brincando com quem passasse por ali. **Portanto**, achei natural que a primeira reação de Cosme àquela injusta ferocidade contra ele fosse subir no carvalho ílex, árvore que nos era familiar e que, lançando os ramos à altura das janelas da sala, impunha seu comportamento desdenhoso e ofendido à vista de toda a família.

[...]
Papai debruçou-se na sacada.
— Quando você estiver cansado de ficar aí, vai mudar de ideia – gritou.
— Nunca hei de mudar de ideia – respondeu meu irmão, do ramo.
— Você vai ver o que é bom, assim que descer!
— Não vou descer nunca. – E manteve a palavra.
[...]

CALVINO, Italo. **O barão nas árvores**. São Paulo: Companhia das Letras, 2009. p. 16-17.

a) Qual o efeito de sentido que a conjunção em destaque no texto produz na narrativa?

_____
_____
_____

b) Substitua a conjunção por outra ou por uma expressão que dê o mesmo sentido ao texto.

_____
_____
_____

16 Leia a seguir um trecho do conto "O príncipe canário", de Italo Calvino.

> [...]
> A rainha, para mostrar que se interessava pela jovem, foi visitá-la. No castelo, **assim que** desceu da carruagem, foi recebida pelas damas, dizendo-lhe que ficasse tranquila, que a moça estava muito bem e era muito feliz. A rainha subiu um momento até o quarto da moça.
> [...]
>
> CALVINO, Italo. O príncipe canário. In: ABREU, Ana Rosa et al. **Alfabetização**: livro do aluno. Brasília: Fundescola/SEF/MEC, 2000. p. 50. v. 2.

- Assinale a alternativa que apresenta os termos que substituem adequadamente a locução em destaque no texto.

    a) ☐ Mesmo que.
    b) ☐ Visto que.
    c) ☐ À medida que.
    d) ☐ Logo que.

17 Assinale a alternativa com a conjunção que estabelece uma relação de causa e efeito entre as orações do período a seguir.

Rafael não foi ao trabalho essa semana _____ estava doente e estafado.

a) ☐ Portanto.
b) ☐ Mas.
c) ☐ Porque.
d) ☐ Conforme.

18 Leia a tirinha.

SIEBER, Allan. Disponível em: <http://www.allansieber.com.br/preto-no-branco/>. Acesso em: 5 jul. 2019.

- A palavra **disto**, presente no segundo quadrinho, recupera qual informação?

    a) ☐ Os gatos dormem o dia todo.
    b) ☐ Os gatos se divertem por horas.
    c) ☐ Eu invejo os gatos.
    d) ☐ Eles (os gatos) são manipuladores.

19 Leia a seguir um trecho da fábula "O lobo e o burro", de Esopo.

> [...]
> O lobo não queria se engasgar na hora de comer seu almoço, por isso, quando o burro levantou a pata, ele começou a procurar o espinho com todo cuidado. Nesse momento o burro deu o maior coice de sua vida e acabou com a alegria do lobo.
> [...]
>
> ESOPO. O lobo e o burro. In: ABREU, Ana Rosa et al. **Alfabetização**: livro do aluno. Brasília: Fundescola/SEF/MEC, 2000. p. 98. v. 2.

- Qual função a expressão em destaque no trecho exerce?
    a) ☐ Explicativa.
    b) ☐ Alternativa.
    c) ☐ Conclusiva.
    d) ☐ Adversativa.

20 Observe a imagem a seguir.

ASSENTO PREFERENCIAL PARA OBESOS, GESTANTES, PESSOAS COM BEBÊ OU CRIANÇAS DE COLO, IDOSOS E PESSOAS COM DEFICIÊNCIA. AUSENTES PESSOAS NESSAS CONDIÇÕES, O USO É LIVRE.

- No texto, há uma expressão que retoma "obesos, gestantes, pessoas com bebê ou crianças de colo, idosos e pessoas com deficiência". Assinale a alternativa que apresenta essa expressão.
    a) ☐ Pessoas nessas condições.
    b) ☐ Ausentes.
    c) ☐ O uso é livre.
    d) ☐ Assento preferencial.

21 Leia a seguir um trecho do conto "Venha ver o pôr do sol", de Lygia Fagundes Telles.

> [...] Ela subiu sem pressa a tortuosa ladeira. À medida que avançava, as casas iam rareando, modestas casas espalhadas sem simetria e ilhadas em terrenos baldios. No meio da rua sem calçamento, coberta aqui e ali por um mato rasteiro, algumas crianças brincavam de roda. A débil cantiga infantil era a única nota viva na quietude da tarde.
> [...]
>
> TELLES, Lygia Fagundes. Venha ver o pôr do sol. In: ____. **Contos completos**. São Paulo: Companhia das Letras, 2018. *E-book*.

- Assinale a alternativa que melhor substitui a expressão em destaque no trecho.

a) ☐ Mesmo que.
b) ☐ Ainda que.
c) ☐ Enquanto.
d) ☐ Desde que.

Acento diferencial

22 Assinale a alternativa em que as formas verbais **pode** e **pôde** estão empregadas corretamente.

a) ☐ Iolanda pôde dar à luz a qualquer momento, pois sua gestação está terminando.
b) ☐ Ronaldo pode ir ontem ao estádio para assistir à final do campeonato.
c) ☐ Francisco pôde receber o prêmio do concurso pessoalmente, pois estava disponível.
d) ☐ Beatriz pode comer bolo no domingo passado, pois estava liberada pelo médico.

23 Leia a frase a seguir.

Vanessa não **pôde** ir ao cinema ontem, pois não conseguiu **pôr** em dia suas tarefas.

a) Justifique o uso dos acentos gráficos nas palavras destacadas.
____
____

b) Se a forma verbal **pôde** estivesse sem acento, a frase manteria seu sentido? Explique.
____
____

24 Assinale a alternativa em que os termos **por** e **pôr** estão corretamente acentuados.

a) ☐ Pôr favor, entregue-me a carta para eu pôr no correio.
b) ☐ O cobertor está por cima do lençol, mas vou pôr de outro jeito.
c) ☐ Ele declarou seu amor pôr mim, por isso chorei de emoção.
d) ☐ Por favor, o ônibus passa pôr essa avenida?

25 Leia as frases a seguir e responda às questões.

I. Por favor, você pode pôr mais suco no meu copo?

II. Ontem, ele não pôde ir ao trabalho, mas hoje ele pode.

a) Identifique, nas duas frases, as palavras que são escritas da mesma maneira, mas que se diferenciam pelo uso de acento gráfico. Classifique-as.

_____
_____
_____

b) Explique por que é necessário o uso do acento diferencial nessas palavras.

_____
_____
_____

26 Assinale a alternativa que apresenta as palavras que preenchem corretamente as lacunas da frase a seguir.

Preciso _____ os livros no lugar certo, senão a diretora da biblioteca _____ reclamar.

a) ☐ por, pôde.
b) ☐ por, pode.
c) ☐ pôr, pôde.
d) ☐ pôr, pode.

27 Assinale a alternativa em que se utiliza corretamente o acento diferencial.

a) ☐ Nas férias passadas, a menina pode conhecer o novo parque.
b) ☐ O pai disse ao filho que ele pode por mais leite na vitamina.
c) ☐ A avó pôde acompanhar o casamento da neta ano passado.
d) ☐ A bibliotecária não conseguiu por os livros na estante.

28 Leia as orações a seguir.

   I. A tecnologia pode mudar a vida das pessoas.

   II. A tecnologia pôde mudar a vida das pessoas.

   a) Compare as orações e explique a diferença de sentido entre elas.
   _____
   _____
   _____

   b) Que elemento cria a diferença de sentido entre as duas orações?
   _____
   _____

29 Complete as lacunas nas frases a seguir com as palavras do quadro.

pôr	por	pode	pôde

   a) É necessário _____ as coisas em seus devidos lugares: deve haver tempo não apenas para informação _____ meio da internet, mas também para entretenimento.

   b) Quem nunca _____ estudar determinado assunto _____ falta de acesso a livros, agora _____ fazer isso mais facilmente _____ meio da internet. É tempo de _____ o conhecimento em dia!

   c) _____ ter treinado o ano inteiro, ele _____ participar da corrida. Para isso, teve de _____ o nome na lista de competidores. Você _____ pode fazer a mesma coisa ano que vem!

   d) Graças a sua organização, ele _____ estudar e _____ em dia o conteúdo da matéria. _____ isso, alcançou bons resultados e _____ aproveitar as férias do ano passado.

UNIDADE 2 — TRANSITIVIDADE VERBAL E ADJUNTO ADNOMINAL

Transitividade verbal e complementos do verbo

Leia um trecho de um artigo de opinião e responda às questões de **1** a **3**.

Meus garranchos

Há um mundo novo pós-escrita formal sobre papel. Desaparecem os de letra feia ou bonita e emergem os que digitam rápido ou devagar.

Sempre tive letra feia. Pior do que apenas feia: infantil, irregular, estranha. Quem lê um manuscrito meu imagina que o autor seja alguém mal ou recém-alfabetizado. Meu pai tinha uma letra regular, bonita, porém de difícil decifração. Minha irmã tem letra professoral redonda. Sou a pior letra da família. Fiz caligrafia e me esforcei bastante. Inútil. Agora que escrevo pouco à mão, minha letra é quase dadaísta.

[...]

Há um mundo novo pós-escrita formal sobre papel. Desaparecem os de letra feia ou bonita e emergem os que digitam rápido ou devagar. Beleza cede lugar à destreza. A minha dor da letra feia será um fóssil estranho no mundo da computação. Novas dores surgirão. Em vez de murmurarem "ele tem letra horrível", dirão "ele digita lentamente". Pior, sussurrarão vozes maliciosas, "ele usa *emojis* equivocados". [...]

KARNAL, Leandro. Meus garranchos. **Estadão**, 27 mar. 2019. Disponível em: <https://cultura.estadao.com.br/noticias/geral,meus-garranchos,70002768674>. Acesso em: 31 maio 2019.

1 Observe a linha fina do artigo e assinale a alternativa correta.

a) ☐ Na linha fina, o período é composto de duas orações.

b) ☐ As formas verbais **desaparecem** e **emergem** estão no plural porque o sujeito é indeterminado.

c) ☐ A forma verbal **digitam** está no plural para concordar com o sujeito, que também é indeterminado.

d) ☐ O verbo **haver** está no singular porque se trata de uma oração sem sujeito.

2 Sobre os sujeitos das orações, assinale a alternativa correta.

a) ☐ Em "A minha dor da letra feia será um fóssil estranho no mundo da computação.", o núcleo do sujeito é **letra feia**.

b) ☐ Em "Pior, sussurrarão vozes maliciosas", o sujeito é posposto ao verbo: **vozes maliciosas**.

c) ☐ Em "Novas dores surgirão.", o sujeito é oculto.

d) ☐ Em "'ele tem letra horrível'", o verbo é de ligação e o predicativo do sujeito é **letra horrível**.

3 Agora, observe as orações a seguir, que aparecem no primeiro parágrafo do artigo.

  I. "Sempre tive letra feia."
  II. "Sou a pior letra da família."
  III. "Fiz caligrafia e me esforcei bastante."

• Qual é o tipo de sujeito dessas orações?

a) ☐ Simples.
b) ☐ Composto.
c) ☐ Indeterminado.
d) ☐ Desinencial.

Leia a tirinha e responda às questões **4** e **5**.

DAHMER, André. **Quadrinhos dos anos 10**. São Paulo: Quadrinhos na Cia. 2016.

4 Sobre termos da oração e tipos de sujeito, assinale a afirmação correta.

a) ☐ No primeiro quadrinho, o sujeito é simples; o núcleo do sujeito é **telefone**.
b) ☐ No segundo quadrinho, o sujeito é indeterminado, o que se comprova por meio dos verbos conjugados na 1ª pessoa do singular.
c) ☐ No terceiro quadrinho, há duas orações: a primeira tem sujeito desinencial; a segunda, sujeito simples.
d) ☐ No quarto quadrinho, o sujeito é indeterminado, o que se comprova por meio do verbo conjugado na 3ª pessoa do singular.

5 Qual é o sujeito da oração no primeiro quadrinho? Classifique-o.

_____
_____
_____

6 Leia a manchete de jornal e responda às questões.

> **Linha Vermelha tem patrulhamento intensificado**
> A rota é passagem obrigatória para turistas que utilizam o aeroporto internacional
>
> BAND RIO, 21 jul. 2017.

a) Qual é o sujeito do verbo **ter**? Identifique-o e classifique-o.

_____

_____

b) Qual é o sujeito do verbo **utilizar**? Identifique-o e explique por que o verbo está no plural.

_____

_____

Leia o trecho de uma notícia e responda à questão.

> **Brasil ganha 10 milhões de internautas em 1 ano, aponta IBGE**
>
> [...]
> Em apenas 1 ano, o número de internautas no Brasil cresceu cerca de 10 milhões de pessoas, sendo que os idosos representam a faixa etária com maior crescimento de novos usuários da rede.
>
> É o que aponta um levantamento divulgado nesta quinta-feira (20) pelo Instituto Brasileiro de Geografia e Estatística (IBGE) feito no quarto trimestre de 2017. Ele faz parte das coletas da Pesquisa Nacional por Amostra de Domicílios Contínua (PNAD).
>
> Veja outros destaques do estudo:
>
> • o número de domicílios com acesso à *web* subiu para 75% contra 69% em 2016; [...]
>
> SILVEIRA, Daniel. Brasil ganha 10 milhões de internautas em 1 ano, aponta IBGE. **G1**, 20 dez. 2018. Disponível em: <https://g1.globo.com/economia/tecnologia/noticia/2018/12/20/numero-de-internautas-cresce-em-cerca-de-10-milhoes-em-um-ano-no-brasil-aponta-ibge.ghtml>. Acesso em: 31 maio 2019.

7 Assinale a afirmação correta.

a) ☐ O título da notícia é constituído de um período composto de uma oração.

b) ☐ No primeiro parágrafo, como um dos sujeitos do período é **o número de internautas**, o verbo **crescer** pode ser conjugado tanto no singular quanto no plural.

c) ☐ O primeiro parágrafo é constituído de duas orações; **número** e **idosos** são núcleos dos sujeitos de cada uma das orações.

d) ☐ No segundo parágrafo, o pronome **ele** retoma IBGE; trata-se de um exemplo de sujeito composto.

8 Leia o trecho da notícia e responda às questões.

> **Daniel Craig se machuca em *set* e filmagens de 'Bond 25' são suspensas**
>
> [...]
> O jornal citou uma fonte não identificada dizendo que Craig estava filmando uma de suas últimas cenas no país. "Ele estava correndo durante as filmagens quando escorregou e caiu sem jeito", disse. [...]
>
> DANIEL Craig se machuca em *set* e filmagens de 'Bond 25' são suspensas. **Destak**, 14 maio 2019. Disponível em: <https://www.destakjornal.com.br/diversao---arte/cinema/detalhe/daniel-craig-se-machuca-em-set-e-filmagens-de-bond-25-sao-suspensas>. Acesso em: 4 jun. 2019.

a) Classifique os verbos em destaque em transitivo direto, indireto ou intransitivo. Justifique.

b) Localize e transcreva o sujeito desses verbos. A quem ele faz referência?

9 Assinale a alternativa que apresenta um verbo transitivo indireto.

a) ☐ Douglas acorda cedo e toma café da manhã com a família.
b) ☐ Os gatos precisam de atenção.
c) ☐ Eles ofereceram ajuda.
d) ☐ Eu pratico atividades físicas.

10 Leia o texto a seguir.

> **Quando os animais mentem**
>
> [...]
> O fenômeno foi estudado pela primeira vez pelo naturalista inglês Henry Walter Bates (1825-1892), que observou o comportamento das borboletas no vale do rio Amazonas. Ele descobriu uma família de borboletas que conseguia escapar dos pássaros tornando-se parecida na forma e na cor com outra família, cujo sabor não agradava às aves. As borboletas apetitosas tratavam de voar, misturadas às outras.
> [...]
>
> SUPERINTERESSANTE. Tudo mentira. Disponível em: <https://super.abril.com.br/comportamento/tudo-mentira/>. Acesso em: 13 jun. 2019.

- Classifique os verbos em destaque em: VTD (verbo transitivo direto); VTI (verbo transitivo indireto); ou VI (verbo intransitivo).

11 Leia a quadrinha a seguir.

Noite

A noite foi embora
Lá no fundo do quintal
Esqueceu a lua cheia
Pendurada no varal.
[...]

CAPARELLI, Sérgio. **Tigres no quintal**. Porto Alegre: Kuarup, 1989. p. 70.

BENCHART/SHUTTERSTOCK.COM

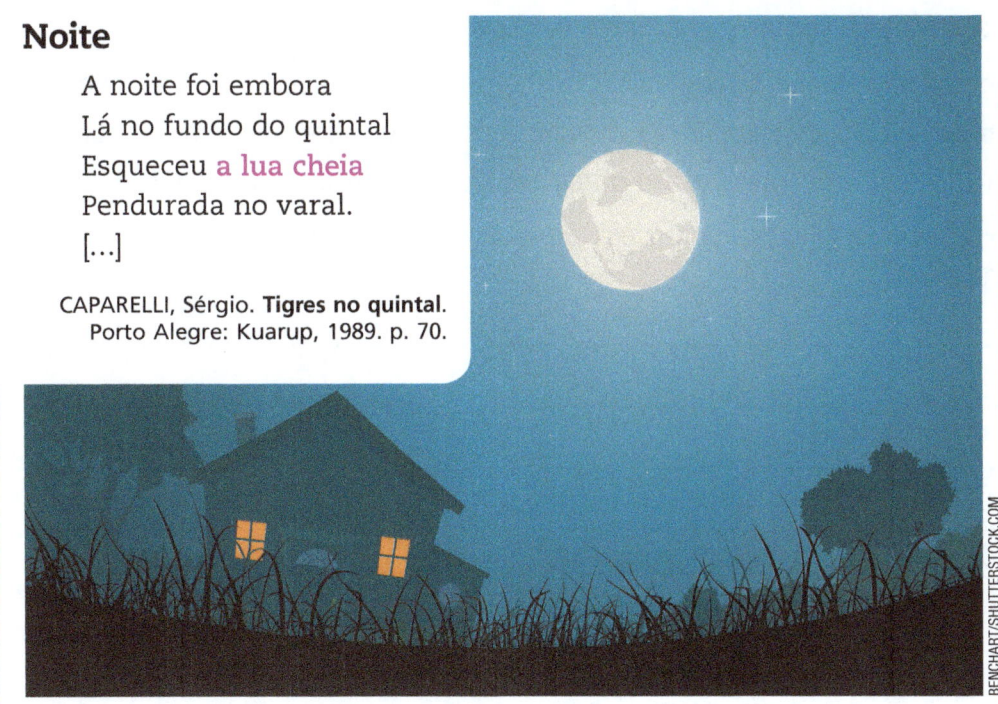

a) Explique a função sintática da expressão em destaque.

____

b) Na frase "Maria se **esqueceu** de pagar a conta.", o verbo exerce a mesma função sintática que o verbo do terceiro verso do poema? Explique.

____

____

12 Leia o trecho a seguir e assinale a alternativa correta.

Branca de Neve

[...]

O tempo passou. Branca de Neve cresceu, a cada ano mais linda... E um dia o espelho deu outra resposta à rainha.

[...]

ABREU, Ana Rosa et al. **Alfabetização**: livro do aluno. Brasília: Fundescola/SEFMEC, 2000. p. 20. v. 2.

a) ☐ O verbo **crescer** é transitivo direto.
b) ☐ O verbo **dar** é transitivo direto e indireto.
c) ☐ O verbo **passar** é transitivo indireto.
d) ☐ No trecho acima, não há exemplo de transitividade verbal.

Adjunto adnominal

13 Leia as orações a seguir e responda às questões.

I. As novas tecnologias de comunicação e informação revolucionaram as últimas décadas.

II. As redes sociais ampliam as possibilidades de comunicação entre as pessoas.

III. Os cuidados com a preservação da privacidade devem ser redobrados.

a) Identifique os sujeitos, os núcleos dos sujeitos e os adjuntos adnominais.

_____
_____
_____
_____

b) De que maneira os adjuntos adnominais contribuem para o sentido dos sujeitos? Que função eles têm?

_____

Leia o trecho de uma reportagem e responda à questão.

Redes sociais perdem espaço como fonte de notícia, diz relatório global

O Brasil é onde o Facebook tem a maior popularidade como fonte

Nos últimos anos, as redes sociais se tornaram uma fonte importante de acesso a notícias. Contudo, esta tendência começa a mudar. A conclusão é do Relatório sobre Notícias Digitais do Instituto Reuters, um dos mais conceituados do mundo. O estudo, divulgado nesta semana, entrevistou milhares de pessoas em 37 países para entender os hábitos de consumo de jornalismo.

[...]

VALENTE, Jonas. Redes sociais perdem espaço como fonte de notícia, diz relatório global. **Agência Brasil**, 15 jun. 2018. Disponível em: <http://agenciabrasil.ebc.com.br/geral/noticia/2018-06/redes-sociais-perdem-espaco-como-fonte-de-noticiadiz-relatorio-global>. Acesso em: 25 jul. 2019.

14 Sobre a oração "as redes sociais se tornaram uma fonte importante de acesso a notícias", assinale a alternativa correta.

a) ☐ O núcleo do sujeito é o adjetivo **sociais**.

b) ☐ O adjetivo **sociais** é o adjunto adnominal do sujeito da oração, assim como o artigo **as**.

c) ☐ O trecho "uma fonte importante de acesso a notícias" faz parte do predicado e é o objeto indireto do verbo **tornar-se**.

d) ☐ **Importante** é o núcleo do objeto direto.

15 Acrescente adjuntos adnominais para acompanhar o sujeito de cada uma das orações a seguir. Observe a classe gramatical indicada.

a) _____ de brasileiros passaram a ter acesso à internet nos últimos anos. (substantivo que indica número)

b) _____ meios de comunicação perderam espaço na vida dos brasileiros após a internet, como jornais e revistas. (pronome que indica quantidade)

c) _____ tecnologias de comunicação e informação são assunto frequente de estudos no Brasil e no mundo. (adjetivo)

d) _____ redes sociais atraem pessoas de todas as idades. (artigo)

16 A função de adjunto adnominal geralmente é exercida por palavras de quais classes gramaticais?

_____
_____
_____

17 Os adjuntos adnominais acompanham o núcleo de diferentes termos da oração, tanto no sujeito quanto no predicado. Nos itens a seguir, localize o predicado de cada oração e os adjuntos adnominais dos complementos verbais (objeto direto ou objeto indireto) ou dos predicativos do sujeito.

a) No mundo atual, as redes sociais potencializaram a comunicação.
_____
_____

b) O uso da internet permanece em forte crescimento.
_____
_____
_____

c) Professores e escola têm acessado os recursos digitais no dia a dia.
_____
_____
_____

18 Leia um trecho de uma notícia e responda às questões a seguir.

> ### Realidade virtual é tema de novo filme de Spielberg
>
> A realidade virtual é o mote do próximo lançamento de Steven Spielberg como diretor, "Ready Player One" (em português, "Jogador Nº 1"). O filme é uma adaptação do livro homônimo escrito por Ernest Cline, no qual o autor, em 2011, antecipa a popularização da tecnologia VR [sigla para realidade virtual, em inglês]. A obra foi cultuada pelos fãs do universo *geek* e agora ganha as telonas.
>
> A história se passa em 2044, ano em que o planeta atravessa uma crise energética e é assolado pela pobreza. Grande parte da população encontra como escapatória o OASIS, mundo simulado na realidade virtual criado pelo personagem James Halliday, um milionário. Antes de morrer, Halliday cria um jogo: quem encontrar o *Easter Egg* escondido no OASIS herdará todos os seus bens como recompensa.
>
> [...]
>
> HALPERN, Arie. Realidade virtual é tema de novo filme de Spielberg. **Disruptivas e Conectadas**, 2019. Disponível em: <http://www.ariehalpern.com.br/realidade-virtual-e-tema-de-novo-filme-de-spielberg/>. Acesso em: 1º jun. 2019.

a) Na oração que é manchete da notícia, qual é o adjetivo que funciona como adjunto adnominal do núcleo do sujeito?

b) Em "Grande parte da população encontra como escapatória o OASIS", **grande parte da população** é o sujeito e faz referência a muitas pessoas. Apesar disso, o verbo está no singular: **encontra**. Por quê?

c) Na oração "quem encontrar o *Easter Egg* escondido no OASIS", qual é o sujeito? Identifique-o e classifique-o.

19 Analise as orações a seguir.

I. A aula **interessante** terminou.

II. A aula terminou **interessante**.

a) Nas duas orações, o termo **interessante** caracteriza palavras. Identifique-as.

_____
_____

b) Qual é a função sintática de **interessante** na primeira oração? Justifique.

_____

c) Explique o efeito de sentido da mudança de lugar da palavra **interessante** nas orações.

_____
_____

20 Leia o texto e responda às questões.

Fake news de cada dia

Não é curto o caminho de uma notícia falsa. *Fake news* navegam nas águas turvas e tortuosas da internet. Encontram atalhos para alcançar lugares remotos. Ganham volume nas redes sociais dos indivíduos, cidadãos comuns que inocentemente, muitas vezes, compartilham e ajudam a disseminá-las como um vírus, que se multiplica de forma descontrolada, matando reputações, prejudicando candidatos, influenciando eleições, entre outros prejuízos.

[...]

DUBEUX, Ana. *Fake news* de cada dia. **Correio Braziliense**, 21 jan. 2018. Disponível em: <https://www.correiobraziliense.com.br/app/noticia/cidades/2018/01/21/interna_cidadesdf,654634/opiniao-fake-news-de-cada-dia.shtml>. Acesso em: 4 jun. 2019.

a) Releia o trecho a seguir e identifique o sujeito, o verbo, os complementos e os adjuntos adnominais.

Não é curto o caminho de uma notícia falsa.

_____
_____

b) Qual é o efeito de sentido causado pelo uso dos modificadores (adjuntos adnominais)?

_____
_____

25

Formação de palavras e usos do hífen

21 Leia um trecho de uma reportagem.

> **'Uso do internetês pode prejudicar futuro profissional', diz especialista**
>
> *Diálogo no mundo virtual é cada vez mais reduzido e distante das normas. 'Professor é o único que pode melhorar a situação', afirma Wilma Ramos.*
>
> **G1**, 23 out. 2013.

- Marque a afirmação correta.
    a) ☐ A palavra **internetês** é um neologismo formado por meio do acréscimo do sufixo **-ês** ao radical **internet-**.
    b) ☐ O processo de formação da palavra **internetês** não é usual em língua portuguesa.
    c) ☐ O prefixo **re-**, em **reduzido**, tem sentido de repetição, como em **rever** ou **repensar**.
    d) ☐ O uso das aspas indica discurso indireto, ou seja, o autor ouviu, interpretou e escreveu a fala dos entrevistados com suas palavras.

22 Assinale a alternativa em que uma das palavras **não** é formada por prefixação.

a) ☐ Readquirir, rever, propor.
b) ☐ Irregular, imoral, prescrever.
c) ☐ Reenviar, reescrever, reportar.
d) ☐ Abreviar, amoral, atento.

23 Usa-se hífen em algumas palavras compostas por justaposição. Das opções a seguir, qual **não** está de acordo com as regras ortográficas da língua portuguesa?

a) ☐ Segunda-feira.
b) ☐ Decreto-lei.
c) ☐ Guarda-chuva.
d) ☐ Fim-de-semana.

24 Em palavras compostas, usa-se hífen entre elementos ligados pela mesma vogal, e não quando as vogais são diferentes. Das opções a seguir, qual está escrita corretamente?

a) ☐ Anti-inflamatório.
b) ☐ Neo-liberal.
c) ☐ Extra-oficial.
d) ☐ Passa-tempo.

25 Assinale a alternativa que **não** está de acordo com a regras de composição por aglutinação.

a) ☐ Petróleo.
b) ☐ Para-quedas.
c) ☐ Pontapé.
d) ☐ Girassol.

26 Assinale a alternativa em que todas as palavras são formadas por justaposição.

a) ☐ Arco-íris, couve-flor, guarda-roupa, aguardente.
b) ☐ Embora, beija-flor, autoescola, segunda-feira.
c) ☐ Passatempo, guarda-chuva, salário-mínimo, pontapé.
d) ☐ Guarda-sol, boquiaberto, planalto, vinagre.

27 Leia o texto e responda às questões.

Desembalagem e instalação

[...]

3. Ligue o micro-ondas em uma tomada de três pontas. Não ligue mais nenhum eletrodoméstico na mesma tomada.

Se o micro-ondas não funcionar corretamente, desligue o plugue e volte a colocá-lo na tomada.

[...]

LG. **Manual de instruções**: forno de micro-ondas. 7 jun. 2014.

a) Por que a palavra **micro-ondas** é separada por hífen?
_____

b) A palavra **micro-ondas** é um exemplo de composição por justaposição ou aglutinação?
_____

28 Leia o texto a seguir.

Tudo sobre a cobra-cega

[...]

Como o próprio nome já diz, a cobra-cega é uma cobra cuja principal característica é ser cega, não é verdade? Errado, na realidade a cobra-cega não é uma cobra e muito menos é cega [...].

TUDO sobre a cobra-cega. **Cultura Mix**, 2013. Disponível em: <https://animais.culturamix.com/informacoes/anfibios/tudo-sobre-a-cobra-cega>. Acesso em: 13 jun. 2019.

a) Como foi formada a palavra em destaque no texto? Qual é o nome do processo?
_____

b) Apresente um exemplo similar, de formação de palavra, ao encontrado acima.
_____

29 Analise as palavras compostas por aglutinação nas frases a seguir e assinale a alternativa em que a palavra está escrita corretamente.

a) ☐ O petro-óleo é um óleo natural de coloração escura usado na produção de gasolina, querosene etc.

b) ☐ O lobisomem, segundo crenças populares, é um homem que se transforma em lobo.

c) ☐ Plano-alto é uma forma de relevo constituída de áreas elevadas.

d) ☐ Alvi-negro é uma característica daquilo que é branco e preto.

30 Observe as palavras do quadro e responda às questões.

Coluna I	Coluna II
Lava-louça	
Vinagre	
Papel-alumínio	
Paraquedas	
Pontiagudo	

a) Complete a coluna II, indicando o processo de composição da palavra.

b) Forme três frases, utilizando algumas palavras da coluna I.

_____
_____
_____

31 Assinale a alternativa correta quanto ao processo de formação de palavras e ao uso do hífen.

a) ☐ Justaposição é o processo de formação que inclui duas ou mais palavras com alterações nos elementos que as formam.

b) ☐ Lobisomem é um exemplo de composição de palavra por justaposição.

c) ☐ Aglutinação é o processo de formação de palavra em que não ocorre modificação nas palavras que a formam.

d) ☐ Usa-se hífen quando as palavras terminam e começam com vogais iguais (**micro-organismo**). Não se usa hífen quando as vogais são diferentes (**autoescola**).

UNIDADE 3 — FIGURAS DE LINGUAGEM

Figuras de linguagem

1 Leia a seguir a primeira estrofe de um poema de Raimundo Correia, do livro **Sinfonias**.

As pombas

Vai-se a primeira pomba despertada...
Vai-se outra mais... mais outra... enfim dezenas
De pombas vão-se dos pombais, apenas
Raia sanguínea e fresca a madrugada...
[...]

Raimundo Correia

- Sobre a repetição da vogal **a** ao longo da estrofe, pode-se dizer que esse recurso:

a) ☐ evidencia a tristeza das pombas com o cair da noite.
b) ☐ confere um ritmo e transmite a agitação das pombas pela manhã.
c) ☐ personifica as pombas, dando-lhes características humanas.
d) ☐ ironiza a percepção do narrador, que vê a revoada das pombas.

2 Leia a seguir uma estrofe de um poema de Mário de Sá-Carneiro e responda à questão.

Dispersão

Perdi-me dentro de mim
Porque eu era labirinto,
E hoje, quando me sinto,
É com saudades de mim.
[...]

Mário de Sá-Carneiro

- A figura de linguagem que predomina é a:

a) ☐ ironia.
b) ☐ comparação.
c) ☐ onomatopeia.
d) ☐ assonância.

3 Leia a seguir uma das estrofes do poema "Violões que choram", de Cruz e Sousa.

> [...]
> Vozes veladas, veludosas vozes,
> Volúpias dos violões, vozes veladas,
> Vagam nos velhos vórtices velozes
> Dos ventos, vivas, vãs, vulcanizadas.
> [...]
>
> Cruz e Sousa

- Observe a repetição dos sons /v/, /s/, /z/ e /l/ nos versos dessa estrofe.

a) Essa repetição de sons caracteriza qual figura de linguagem?

_____

b) Qual é o efeito de sentido produzido por essa repetição sonora?

_____

_____

4 Leia a seguir uma estrofe do poema "E agora, José?", de Carlos Drummond de Andrade.

> [...]
> Se você gritasse,
> se você gemesse,
> se você tocasse
> a valsa vienense,
> se você dormisse,
> se você cansasse,
> se você morresse...
> Mas você não morre,
> você é duro, José!
> [...]
>
> DRUMMOND DE ANDRADE, Carlos. E agora, José? In: _____. **Poesia e prosa**. 8. ed. Rio de Janeiro: Nova Aguilar, 1992. p. 89.

- Qual é o traço recorrente nessa estrofe que caracteriza o recurso da anáfora?

a) ☐ O uso de verbos no modo subjuntivo (**gritasse**, **gemesse**, **tocasse** etc.), que demonstra as opções que José tinha.

b) ☐ O emprego de vírgula no final da maioria dos versos, para diferenciar cada uma das opções.

c) ☐ A repetição da expressão "se você" no início dos versos, para reforçar as inúmeras condições de que José dispunha.

d) ☐ A ausência de adjetivos, com exceção de **duro** no último verso, justamente para evidenciar a dureza da atitude de José.

5 Leia a seguir um trecho de um poema de Vinicius de Moraes.

> **O pato**
>
> Lá vem o pato
> Pato aqui, pato acolá
> Lá vem o pato
> Para ver o que é que há
> O pato pateta
> Pintou o caneco
> [...]
>
> MORAES, Vinicius de. O pato. In: _____. **A arca de Noé**: poemas infantis. 5. ed. Rio de Janeiro: José Olympio, 1980. p. 44-47.

- Nesse poema, a figura de linguagem **aliteração** se dá pela:

a) ☐ recorrência dos sons /a/ e /o/ no verso "Lá vem o pato".
b) ☐ presença de rima no final das palavras **acolá** e **há**.
c) ☐ repetição do verso "Lá vem o pato".
d) ☐ repetição do som /p/ em **pato**, **pateta** e **pintou**.

6 Leia a seguir duas estrofes de um poema de Raimundo Correia.

> **Julieta**
>
> A loura Julieta enamorada,
> Triste, lânguida, pálida, abatida,
> Aparece radiante na sacada
> Dos raios brancos do luar ferida.
>
> Engolfa o olhar na sombra condensada,
> Perscruta, busca em torno... e na avenida
> Surge Romeu; da valerosa espada
> Esplende a clara lâmina polida...
> [...]
>
> Raimundo Correia

a) No fragmento, há o predomínio de uma figura de linguagem. Qual?

b) Que efeito de sentido o uso dessa figura produz?

7 Leia os trava-línguas a seguir.

> O rato roeu a roupa do rei de Roma.
>
> Domínio público.

> Trazei três pratos de trigo para três tigres tristes comerem.
>
> Domínio público.

a) Que figura de linguagem predomina nesses trava-línguas?
_____

b) Pensando na intenção dos trava-línguas, que efeito de sentido essa figura de linguagem produz?
_____
_____

8 Leia o poema e responda à questão.

Ismália

Quando Ismália enlouqueceu,
Pôs-se na torre a sonhar...
Viu uma lua no céu,
Viu outra lua no mar.

No sonho em que se perdeu,
Banhou-se toda em luar...
Queria subir ao céu,
Queria descer ao mar...

E, no desvario seu,
Na torre pôs-se a cantar...

Estava perto do céu,
Estava longe do mar...

E como um anjo pendeu
As asas para voar...
Queria a lua do céu,
Queria a lua do mar...

As asas que Deus lhe deu
Ruflaram de par em par...
Sua alma subiu ao céu,
Seu corpo desceu ao mar...

Alphonsus de Guimarães

- Qual figura de linguagem está presente nesse poema? Qual efeito de sentido ela causa?
_____
_____
_____

Leia a seguir um trecho do poema "O navio negreiro", de Castro Alves, e responda às questões **9** e **10**.

[...]
... Adeus! ó choça do monte,
... Adeus, palmeiras da fonte!...
... Adeus, amores... adeus!...

Depois, o areal extenso...
Depois, o oceano de pó.
Depois no horizonte imenso
Desertos... desertos só...
[...]

Castro Alves

9 Há no trecho uma figura de linguagem que é classificada como **anáfora**. Como essa figura é construída?

10 Que efeito de sentido o uso dessa figura de linguagem produz no poema?

11 Leia um trecho de uma crônica de Carlos Drummond de Andrade.

Letras louvando Pelé

Pelé, pelota, peleja. Bola, bolão, balaço. Pelé sai dando balõezinhos. Vai, vira, voa, vara, quem viu, quem previu? GGGGoooollll.

Menino com três corações batendo nele, mina de ouro mineira. Garoto pobre sem saber que era tão rico. Riqueza de todos, a todos doada, na ponta do pé, na junta do joelho, na porta do peito.

E dança. Bailado de ar, bola beijada, beleza. A boa bola bólide, brasil-brincando. A trave não trava, trevo de quatro, de quantas pétalas, em quantas provas, que não se contam? Mil e muitas. Mundo.

[...]

DRUMMOND DE ANDRADE, Carlos. Letras louvando Pelé. In: _____. **Quando é dia de futebol**. São Paulo: Companhia das Letras, 2014. p. 142.

- A repetição de sons consonantais na crônica cria um ritmo que provoca um efeito de sentido. Que efeito de sentido é esse?

33

12 Leia a tirinha a seguir.

SCHULZ, Charles M. **Peanuts**. Disponível em: <https://www.lpm-editores.com.br/livros/Imagens/peanuts10.pdf>. Acesso em: 6 jun. 2019.

- A repetição da expressão "o bom e velho Charlie Brown" nos três quadrinhos iniciais constrói o traço de humor que culmina no último quadrinho. Como isso ocorre?

a) ☐ A repetição da expressão vai enfatizando gradativamente a aproximação de Charlie Brown e cria uma expectativa em torno da razão dessa ênfase.

b) ☐ Por meio da repetição da expressão, percebe-se como os dois amigos que conversam estão mal-humorados e não entendem a chegada de Charlie Brown sorridente.

c) ☐ Por causa da repetição da expressão, entende-se que a menina não sabe quem é Charlie Brown e está desconfortável com a aproximação de um estranho.

d) ☐ A repetição da expressão revela que Charlie Brown sempre aparece em momentos inapropriados.

13 Leia a seguir a primeira estrofe de um poema de Raimundo Correia.

> **Luiz Gama**
>
> Tantos triunfos te contando os dias,
> Iam-te os dias descontando e os anos,
> Quando bramavas, quando combatias
> Contra os bárbaros, contra os desumanos;
> […]
>
> Raimundo Correia

a) Que figura de linguagem predomina na estrofe? Indique as passagens que confirmam sua resposta.

_____

_____

b) O uso dessa figura de linguagem tem qual função?

_____

Regência verbal

14 Leia a frase a seguir.

> A moça **aspirou** o pó do carpete, mas a sala permaneceu suja.

- Em que sentido o verbo **aspirar** foi empregado nessa frase? Justifique a ausência da preposição.

_____
_____
_____
_____

15 Assinale a alternativa que apresenta o par de frases correto em relação à regência verbal.

- a) ☐ Eu quero ficar longe dela. / Eu quero muito bem aos meus amigos.
- b) ☐ A suspeita da polícia não procede em hipótese alguma. / A suspeita de traição procede o passado.
- c) ☐ A avó assiste a novela da tarde diariamente. / A avó assiste ao netinho todos os dias.
- d) ☐ Os alunos obedeceram as normas da escola. / Os filhos obedecem aos pais.

16 Leia a frase a seguir e responda às questões.

> As propostas do novo governo não **agradaram** aos eleitores da cidade.

- a) Nessa frase, o verbo **agradar** foi empregado em que sentido? Justifique o uso da preposição após o verbo.

_____
_____

- b) Agora, dê exemplo de outra frase com o verbo **agradar** e com o mesmo sentido.

_____

17 Assinale a alternativa em que a regência verbal está empregada de maneira correta.

- a) ☐ Custou muito ao meu pai assimilar à morte de meu avô.
- b) ☐ A menina implica com a prima sempre que se encontram.
- c) ☐ Eles aprovaram do projeto de lei.
- d) ☐ O navio chegou à porto na hora prevista.

18 Assinale a alternativa em que a regência do verbo **gostar** é empregada corretamente.

a) ☐ Este é o filme francês que a professora disse que gostou muito.

b) ☐ Este é o filme francês em que a professora disse que gostou muito.

c) ☐ Este é o filme francês onde a professora disse que gostou muito.

d) ☐ Este é o filme francês do qual a professora disse que gostou muito.

19 Complete as lacunas com uma preposição quando necessário.

a) Ele aspirava _____ uma promoção no trabalho.

b) Os bebês correm o risco de aspirar _____ leite materno.

c) Cumprimentei-a assim que cheguei _____ escola.

d) Tirei o tênis logo que cheguei _____ minha casa.

e) As medidas foram tomadas visando _____ solução do problema.

f) O projeto de lei visa _____ igualdade racial.

20 Reescreva as orações a seguir substituindo o verbo destacado pelo verbo entre parênteses. Faça as alterações necessárias.

a) **Gosto** mais de frutas que de legumes. (preferir)
_____

b) No próximo domingo, **veremos** o espetáculo de dança. (assistir)
_____

c) Ela **queria** um trabalho melhor. (ansiar)
_____

d) Ele **deseja** o novo cargo. (aspirar)
_____

21 Assinale a alternativa correta em relação à regência verbal.

a) ☐ Os alunos preferem futebol a vôlei.
b) ☐ Os alunos preferem futebol do que vôlei.
c) ☐ Os alunos preferem futebol que vôlei.
d) ☐ Os alunos preferem mais futebol que vôlei.

22 As frases a seguir apresentam incorreções na regência verbal. Reescreva-as de acordo com a norma-padrão.

a) Este é o livro que me referi na última aula.

b) Plagiar um texto implica em grandes problemas.

c) Ana namora com Pedro há 5 anos.

d) Fui no cinema com meus amigos.

23 Leia as duas orações a seguir e responda às questões.

I. Os animais aspiram o ar puro da vida selvagem.
II. Os animais aspiram ao ar puro da vida selvagem.

a) Explique o sentido do verbo **aspirar** em cada uma das orações.

b) Explique em que contextos as orações poderiam ser utilizadas.

24 Leia as duas orações a seguir.

I. Lembro-me da sua explicação.
II. Lembrei minha mãe da consulta médica.

a) Indique a transitividade do verbo **lembrar** em cada uma das orações.

b) Diferencie as duas ocorrências de **lembrar** de acordo com seu significado e sua regência.

25 Leia as informações sobre o verbo **implicar** e preencha as lacunas com ele. Se necessário, utilize a preposição.

O verbo **implicar** é:

- transitivo direto no sentido de **acarretar, ocasionar**;
- transitivo indireto no sentido de **provocar, antipatizar**;
- transitivo direto e indireto no sentido de **comprometer, envolver**.

a) Ela sempre _____ a irmã. (presente)

b) Imprevistos na reforma _____ gastos extras. (passado)

c) Nunca me _____ problemas. (passado)

d) Essa atitude _____ consequências futuras. (presente)

e) Os fatos não o _____ em atos ilícitos. (passado)

26 Os pronomes **o, a, os** e **as** exercem a função de objeto direto. Já os pronomes **lhe** e **lhes** exercem a função de objeto indireto. Tendo isso em vista, preencha as lacunas com um desses pronomes.

a) Informei-_____ sobre o andamento do trabalho.

b) Custa-_____ admitir a culpa.

c) As crianças querem-_____ bem.

d) Namorei-_____ por três anos.

e) Desculpei-_____ pelo problema.

27 Leia o texto a seguir e responda à questão.

> ### Usufruir os bens ou usufruir dos bens?
>
> [...] Domingos Paschoal Cegalla [...] pondera que "a regência indireta, usufruir de alguma coisa, embora censurada por alguns gramáticos, mas registrada em dicionários modernos, vem se impondo na língua de hoje: 'Usufruímos dos benefícios da civilização'". [...]
>
> COSTA, José Maria da. Usufruir os bens ou usufruir dos bens? **Migalhas**, 24 fev. 2016. Disponível em: <https://www.migalhas.com.br/Gramatigalhas/10,MI234509,71043-Usufruir+os+bens+ou+Usufruir+dos+bens>. Acesso em: 11 jun. 2019.

- Considerando esse trecho e o conceito de variação linguística, explique por que essas diferenças são registradas.

_____

_____

28 Leia a seguir um trecho do conto "A doida", de Carlos Drummond de Andrade.

> [...]
> Os três garotos desceram manhã cedo, para o banho e a pega de passarinho. Só com essa intenção. Mas era bom passar pela casa da doida e provocá-la. [...]
>
> DRUMMOND DE ANDRADE, Carlos. A doida. In: _____.
> **Contos de aprendiz**. São Paulo: Companhia das Letras, 2012.

- Justifique o emprego do pronome **a** como complemento do verbo **provocar**.

_____
_____

29 Leia as manchetes a seguir.

 I. 5 motivos para você assistir **Homem-Aranha: no Aranhaverso**

 II. **Homem-Aranha: no Aranhaverso**, cinco motivos para assistir ao filme

- Qual das duas manchetes está de acordo com a norma-padrão da língua? Justifique.

_____
_____

Dificuldades ortográficas

30 Leia a seguir duas manchetes e responda à questão.

> **RS segue com sol e calor sob influência de bloqueio atmosférico**
>
> CORREIO DO POVO, 10 jun. 2019.

> **Forte massa de ar frio avança sobre o Brasil**
>
> CLIMATEMPO METEOROLOGIA, 22 maio 2019.

- Explique os usos de **sob** e **sobre** nas manchetes.

_____
_____

31 Assinale a alternativa que apresenta as palavras escritas de acordo com a norma-padrão.

a) ☐ O poder que o agente detém sobre o caso é temporário.
b) ☐ Agente não brinca com os jogos de tabuleiro porque contém muitas regras.
c) ☐ Ficamos preocupados sob a decisão de não haver aula hoje.
d) ☐ Caso perda o bilhete de metrô, leve o dinheiro da passagem.

32 Leia a seguir o trecho de uma notícia e complete as lacunas com **agente** ou **a gente**.

> **Projeto de lei regulamenta profissão de _____ de coleta de resíduos**
>
> O Projeto de Lei (PL 3.253/2019) tem como objetivo regulamentar a profissão do _____ de coleta de resíduos, limpeza e de conservação de áreas públicas, realizada por meios mecânicos ou manuais. A proposta assegura aos profissionais jornada de trabalho fixa, piso salarial, entre outras condições. [...]
>
> SENADO NOTÍCIAS. **Projeto de lei regulamenta profissão de agente de coleta de resíduos**, 7 jun. 2019. Disponível em: <https://www12.senado.leg.br/noticias/audios/2019/06/projeto-de-lei-regulamenta-profissao-de-agente-de-coleta-de-residuos>. Acesso em: 11 jun. 2019.

- Justifique a sua escolha.
  _____

33 Leia as manchetes a seguir e complete com uma palavra do quadro.

sobre	perca	sob	perda

a) Começa a pré-venda de mais um 'Homem-Aranha': não se _____ na teia de filmes

O GLOBO, 4 jun. 2019.

b) Polícia alerta _____ circulação de notas falsas no comércio em Santarém

G1, 10 jun. 2019.

c) _____ de água no Brasil é maior do que em Uganda, mostra estudo

ESTADÃO, 5 jun. 2019.

UNIDADE 4 — APOSTO, VOCATIVO E ADJUNTO ADVERBIAL

Aposto e vocativo

1 Leia os períodos a seguir.

I. A minha cidade, a maior da América Latina, é também a mais poluída.

II. Brigas, desentendimentos, chateações, nada separa aqueles dois irmãos.

- Observe a afirmação e, em seguida, assinale a alternativa cujas informações completam corretamente as lacunas.

No período I, o aposto _____ foi utilizado para _____.

No período II, por sua vez, o aposto _____ foi utilizado para _____.

a) ☐ A maior da América Latina – resumir uma sequência anterior – brigas, desentendimentos, chateações – especificar uma sequência de ações.

b) ☐ A maior da América Latina – explicar um termo anterior – brigas, desentendimentos, chateações – especificar uma sequência de ações.

c) ☐ A maior da América Latina – explicar um termo anterior – nada – resumir termos anteriores.

d) ☐ A maior da América Latina – enumerar uma sequência de ações – nada – resumir termos anteriores.

2 Leia as orações a seguir.

I. Minotauro, monstro de Creta, vive em um labirinto.

II. — Minotauro, não lute contra Teseu agora!

a) É possível atribuir classificação sintática ao termo **Minotauro** nas duas orações? Justifique.

_____
_____
_____

b) Transcreva, das orações propostas, o aposto explicativo.

_____
_____
_____

3 Leia a oração a seguir.

Pedro, o aluno mais dedicado, faltou.

- Alguns segmentos podem ser retirados da oração sem prejuízo para a coesão textual, ainda que a oração fique imprecisa. Qual segmento pode ser retirado da oração? Como ele se classifica?

_____

4 Leia a seguir um trecho do mito de Narciso.

> Quando Narciso nasceu, sua mãe, uma ninfa belíssima, consultou o adivinho Tirésias para saber se aquele filho de extraordinária beleza viveria até o fim de uma longa velhice. Pareceram sem sentido as suas palavras:
> — Sim, se ele não chegar a se conhecer.
> Narciso cresceu, sempre formoso. Jovem, muitas moças e ninfas queriam o seu amor, mas o rapaz desprezava a todas.
> [...]
> Um dia, uma das muitas jovens desprezadas por Narciso, erguendo as mãos para o céu, disse:
> — Que Narciso ame também com a mesma intensidade sem poder possuir a pessoa amada!
> Nêmesis, a divindade punidora do crime e das más ações, escutou esse pedido e o satisfez.
> [...]
>
> VASCONCELLOS, Paulo Sérgio de. Narciso. In: ____.
> **Mitos gregos**. São Paulo: Objetivo, 1998. p. 17-18.

- Imagine que a jovem desprezada, em vez de suplicar aos deuses, fizesse o apelo ao próprio Narciso. Reescreva a fala da jovem em discurso direto, de acordo com esse novo direcionamento da narrativa. Siga as instruções:

  I. Utilize um vocativo.

  II. Utilize os verbos **desejar** e **amar**, nessa ordem.

5 Leia a seguir um trecho da obra **Lampião e Lancelote**, de Fernando Vilela.

Meu povo eu peço licença
Para lhes apresentar
O primeiro personagem
Que vai aqui desfilar
Bom e nobre companheiro
Valoroso e altaneiro
Passa a vida a galopar
[...]

VILELA, Fernando. **Lampião e Lancelote**. Disponível em: <http://www.fernandovilela.com.br/fernando/lilu_lampi.html>. Acesso em: 11 jun. 2019.

- Observe que o texto não tem sinais de pontuação. É possível afirmar que no verso "Meu povo eu peço licença" poderia haver uma vírgula? Justifique.

_____
_____
_____

6 Leia o período a seguir.

— Mãe, Pedro, o menino mais velho da turma, brigou comigo hoje!

- As vírgulas foram utilizadas, respectivamente, para:

a) ☐ separar o aposto resumidor e o aposto explicativo.
b) ☐ separar o vocativo e o aposto explicativo.
c) ☐ separar o vocativo e o aposto enumerativo.
d) ☐ separar o aposto explicativo e o vocativo.

- Apesar de, sintaticamente, a pontuação estar correta, o período ficou confuso. Reescreva-o, fazendo alterações na pontuação para que fique mais compreensível.

_____
_____
_____
_____

43

7 Leia a seguir um trecho da peça **As feras**, de Vinicius de Moraes.

> ## CENA I
>
> O casebre de Francisco de Paula, à beira de uma estrada, com a caatinga esturricada ao fundo. É manhãzinha. No rústico fogão de barro, Maria José prepara o café para seu marido, que termina de arrumar um saco de viagem. A mulher traz ao colo, adormecido, o filhinho de seis meses de ambos, *Inacinho*.
>
> **MARIA JOSÉ**
> Café tá pronto. Quer queijo?
> **FRANCISCO DE PAULA** (*surpreso*)
> Tem queijo?
> **MARIA JOSÉ**
> Tem um pedaço. Ontem arrumei. De cabra.
> **FRANCISCO DE PAULA**
> Mas onde arranjou o dinheiro?
> **MARIA JOSÉ**
> Tinha um sobejo.
> **FRANCISCO DE PAULA** (*indo até a porta*)
> Veja só...
> (A luz vai cambiando para uma claridade maior.)
> **MARIA JOSÉ**
> Vai fazer quente.
> **FRANCISCO DE PAULA**
> Vai. Tenho um mundo de chão para fazer.
> **MARIA JOSÉ**
> Até o Rio de Janeiro.
> **FRANCISCO DE PAULA**
> Ê, lonjura.
> **MARIA JOSÉ** (*servindo o café numa caneca sobre a mesa tosca*)
> Vai ser duro.
> **FRANCISCO DE PAULA** (*voltando-se para ela*)
> E você, *Maria José*?
> **MARIA JOSÉ**
> Eu?... Eu... nada. Que é que pode fazer uma mulher senão ficar? Não é o que você quer?
> **FRANCISCO DE PAULA**
> Não é querer; é necessidade.
> [...]
>
> MORAES, Vinicius de. **As feras**. Disponível em: <http://www.viniciusdemoraes.com.br/pt-br/teatro/pecas/feras>. Acesso em: 4 jun. 2019.

a) Na descrição inicial da cena, há um termo em destaque. Como se classifica esse termo e qual é a sua relação com o termo anterior?

_____

_____

b) Identifique a função do outro termo em destaque.

_____

Adjunto adverbial

8 Leia a seguir mais um trecho da obra **Lampião e Lancelote**.

> [...]
> Agora eu lhes apresento
> Um grande cangaceiro
> Nascido em nosso país
> Leal e bom companheiro
> [...]
>
> VILELA, Fernando. **Lampião e Lancelote**. Disponível em: <http://www.fernandovilela.com.br/fernando/lilu_lampi.html>. Acesso em: 11 jun. 2019.

a) Transcreva da narrativa dois adjuntos adverbiais, um que indique circunstância de tempo e outro que indique circunstância de lugar.

b) No verso "Nascido em nosso país", como se classifica o termo **em nosso país**? Justifique.

9 Leia a seguir um trecho do mito de Hera.

> Hera (Juno), filha de Cronos e Reia, nasceu na ilha de Samos ou, segundo outras fontes, em Argos, e foi criada na Arcádia por Têmeno, filho de Pelasgo. [...] Após haver banido seu pai Cronos, Zeus, irmão gêmeo de Hera, procurou-a em Cnossos, em Creta, [...] na Argólida, onde a cortejou, primeiro sem nenhum sucesso. Somente quando ele se disfarçou de cuco molhado é que Hera teve pena do irmão e o aqueceu carinhosamente no peito. Zeus, então, retomou imediatamente sua forma verdadeira [...], forçando-a a se casar com ele [...].
>
> GRAVES, Robert. Hera e seus filhos. In: ____. **Os mitos gregos**. Rio de Janeiro: Nova Fronteira, 2018. v. 1.

a) O texto apresenta vários apostos explicativos com estrutura semelhante. Considerando que se trata de um mito grego, crie uma hipótese para a presença desses apostos ao longo do trecho.

b) Transcreva do trecho um adjunto adverbial de modo e indique o verbo ao qual ele se relaciona.

45

10 Leia as orações a seguir.

Os amigos foram ao cinema. O filme era bom.

a) Reescreva as orações, inserindo uma locução adverbial de tempo depois do verbo da primeira oração e um advérbio de intensidade antes do adjetivo da segunda oração.

_____

_____

b) Identifique os termos constitutivos das duas orações – sujeito e seus modificadores, verbo e seus complementos e modificadores – após as alterações pedidas no item **a**.

_____

_____

_____

11 Leia a seguir o trecho de uma sinopse da minissérie **Hoje é dia de Maria**, de Luiz Fernando Carvalho.

> [...]
> De um dia para o outro, Maria acorda já adulta e conhece o seu Amado, um jovem vítima de uma maldição: durante a noite é homem, mas ao raiar do dia é transformado num pássaro, que sempre a seguiu e protegeu [...].
>
> XAVIER, Nilson. Hoje é dia de Maria. **Teledramaturgia**. Disponível em: <http://www.teledramaturgia.com.br/hoje-e-dia-de-maria/>. Acesso em: 4 jun. 2019.

a) Transcreva do trecho os termos ou expressões utilizados para indicar a passagem do tempo e classifique-os sintaticamente.

_____

_____

_____

b) Se esses termos fossem retirados do trecho, seria possível compreender a sequência narrativa nele exposta? Por quê?

_____

_____

_____

c) Justifique o uso dos dois-pontos no trecho transcrito.

_____

_____

12 Complete as lacunas do período a seguir com adjuntos adverbiais que contribuam para a formação de uma sequência narrativa e que sejam condizentes com as circunstâncias expressas entre parênteses.

_____ (tempo) fiquei _____ (intensidade) feliz com o presente que ganhei: um *videogame*. Contei para os meus amigos, que reagiram _____ (modo) à notícia. _____ (lugar), joguei _____ (tempo). Foi ótimo!

13 Observe as duas orações a seguir.

I. Ele canta muito **bem**.

II. Eu fiquei **bem** cansada depois do treino.

a) É correto afirmar que a classificação sintática dos termos em destaque é a mesma nas duas orações? Justifique.

_____

b) As palavras em destaque dão aos termos a que se referem o mesmo sentido? Justifique.

_____

14 Leia um trecho da peça **Onde canta o sabiá**.

> [...]
> **JUSTINO** (*Falando para baixo*) – Olha, Leocádio, faz o seguinte: afrouxa um pouco o parafuso da tesoura senão você não acaba de cortar a grama desse canteiro.
> **LEOCÁDIO** (*Dentro, como que falando do jardim*) – Não posso. O parafuso está muito apertado.
> **JUSTINO** – Está apertado? Pois desaperta-o com a torquês... (*Pausa*). Assim não!... Ao contrário... Torce para o outro lado...
> [...]
>
> TOJEIRO, Gastão. **Onde canta o sabiá**. Rio de Janeiro: Serviço Nacional de Teatro, 1973. p. 2.

a) No trecho, uma rubrica indica um posicionamento espacial. Para isso, o autor faz uso de um adjunto adverbial. Qual é esse momento? Indique o adjunto adverbial utilizado.

_____

b) Identifique um vocativo no trecho. Explique a intenção da fala da qual esse vocativo faz parte.

_____

15 Leia a seguir outro trecho da peça **Onde canta o sabiá**.

> Ao levantar o pano, o sabiá canta alegremente. Fabrino, deitado no sofá, em mangas de camisa, lê baixo um jornal. Justino, em pijama, de costas para a plateia, está no alpendre, debruçado, como que a olhar para baixo. É uma linda manhã de domingo. De vez em quando, no decorrer da peça, ouve-se o rumor distante dos trens que passam e os silvos das locomotivas [...].
> **INÁCIA** (*Entrando [...] depois de reparar*) – Vocês ainda estão nesse belo estado?
> **FABRINO** (*Sem levantar os olhos do jornal*) – Ainda é cedo.
> [...]
>
> TOJEIRO, Gastão. **Onde canta o sabiá**. Rio de Janeiro: Serviço Nacional de Teatro, 1973. p. 2.

- Assinale a alternativa que analisa corretamente um dos aspectos semânticos e morfossintáticos do trecho.

a) ☐ Fabrino se vale de um adjunto adverbial utilizado na fala da personagem anterior para justificar sua postura.

b) ☐ Fabrino se vale de um adjunto adnominal utilizado pela primeira vez em sua fala para justificar sua postura.

c) ☐ Fabrino se vale de um adjunto adverbial utilizado pela primeira vez no texto em sua fala para justificar sua postura.

d) ☐ Fabrino se vale de um predicativo do sujeito utilizado na fala da personagem anterior para justificar sua postura.

16 Assinale a alternativa na qual os termos entre colchetes são classificados, respectivamente, como objeto indireto e adjunto adverbial.

a) ☐ Eu corri [na praça] [hoje de manhã].
b) ☐ Iremos [ao cinema] [semana que vem].
c) ☐ Eu li [a prova] [com atenção].
d) ☐ Ela caiu [da bicicleta] [no parque da cidade].

17 Leia a oração a seguir.

Ele comeu pipoca durante o filme.

- Assinale a alternativa na qual a análise sintática dos termos da oração está correta.

a) ☐ Ele (pronome) comeu (verbo no pretérito perfeito do indicativo) pipoca (substantivo) durante o filme (locução adverbial).

b) ☐ Ele (sujeito) comeu (verbo no pretérito perfeito do indicativo) pipoca (substantivo) durante o filme (adjunto adverbial).

c) ☐ Ele (sujeito) comeu (verbo transitivo direto) pipoca (objeto direto) durante o filme (adjunto adverbial de tempo).

d) ☐ Ele (sujeito) comeu (verbo transitivo direto) pipoca (objeto direto) durante o filme (adjunto adverbial de lugar).

18 Leia a seguir uma sinopse do filme **O palhaço**, de Selton Mello, e observe a imagem da capa da versão em DVD do filme.

Benjamim (Selton Mello) e Valdemar (Paulo José) formam a fabulosa dupla de palhaços Pangaré e Puro Sangue. Benjamim é um palhaço sem identidade, CPF e comprovante de residência. Ele vive pelas estradas na companhia da divertida trupe do Circo Esperança. Mas Benjamim acha que perdeu a graça e parte em uma aventura atrás de um sonho. Venha rir e se emocionar com este grande espetáculo.

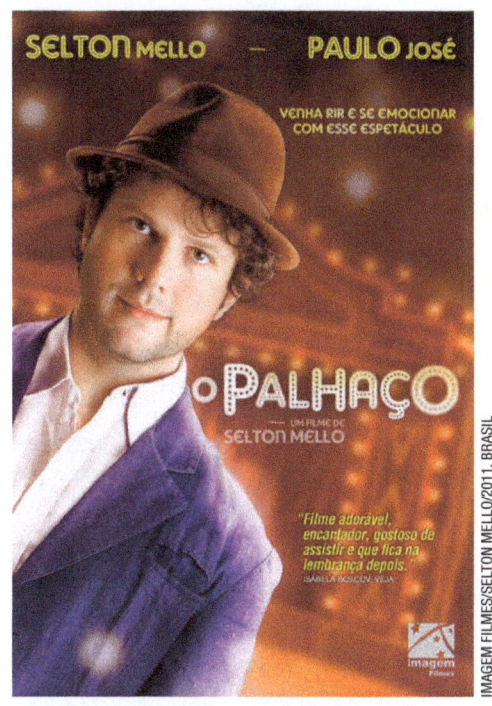

▶ Capa do DVD do filme **O Palhaço**.

O PALHAÇO. **Imagem Filmes**, 23 out. 2012. Disponível em: <https://imagemfilmes.com.br/filmes/103279/o-palhaco>. Acesso em: 11 jun. 2019.

a) Transcreva da capa do DVD um adjunto adverbial. Indique sua circunstância e comente se seu uso é importante para o sentido da mensagem proposta.

b) O termo **pelas estradas**, presente na sinopse, é classificado sintaticamente como objeto indireto ou adjunto adverbial? Explique considerando a transitividade da forma verbal **vive**.

Usos de meio e meia

19 Assinale a alternativa na qual a palavra em destaque foi utilizada corretamente.

a) ☐ Ela trabalhava muito e, na quarta-feira, já estava **meia** cansada.
b) ☐ O almoço será servido a partir de **meio**-dia e **meio**.
c) ☐ Ao sair, deixei as janelas fechadas e a porta **meia** aberta.
d) ☐ Há apenas **meia** garrafa de suco de uva na geladeira.

20 Complete as orações a seguir com as palavras **meio** ou **meia**.

a) Desconfiada e _____ frustrada, não levou o projeto adiante.

b) Suas anotações da aula ocupavam uma folha e _____.

c) _____ chateada, a criança foi levada para a escola.

d) Depois do almoço, bebi _____ xícara de café.

21 Leia o texto a seguir.

Marcou de encontrar-se com o irmão às treze e _____ na padaria. A mesma em que se reuniam na juventude. Embora estivesse animada, estava também _____ triste, pois a irmã caçula não conseguiria vir. Ela ainda não tinha _____ para deixar os filhos pequenos na creche, nem para trazê-los em uma viagem longa. No _____ disso tudo, só sentia saudades!

• As palavras que completam, respectivamente, o texto são:

a) ☐ meia, meia, meio, meio.
b) ☐ meia, meio, meios, meio.
c) ☐ meio, meio, meios, meio.
d) ☐ meia, meia, meios, meio.

22 Classifique as palavras destacadas em advérbio (ADV), adjetivo (ADJ) ou substantivo (S).

a) (   ) No **meio** daquela bagunça, não encontrava nada que queria.
b) (   ) As **meias** das crianças já estão velhas e manchadas.
c) (   ) **Meio** infelizes, decidiram se mudar de cidade.
d) (   ) Mostrou um **meio** sorriso a ela, constrangido.
e) (   ) Com muita fome, ele comeu **meia** pizza sozinho.

23 Relacione as palavras destacadas ao seu significado.

Coluna I	Coluna II
A Um pouco.	☐ O **meio** da sucuri e da seriema é o Pantanal.
B Metade de uma quantidade.	☐ No **meio** da mesa, colocou um vaso de flores.
C Ponto central.	☐ Já havia percorrido **meio** trajeto da viagem.
D Ambiente, lugar onde se vive.	☐ A família estava **meio** triste, pois o passeio tinha acabado.

24 Assinale a alternativa em que a palavra destacada é um advérbio.

a) ☐ Com muita disposição, minha avó trabalha **meio** período na padaria do bairro.

b) ☐ Exaustos, beberam um litro e **meio** de água depois da corrida.

c) ☐ Comprou **meio** quilo de maçãs, pois faria uma torta mais tarde.

d) ☐ As frutas estão **meio** verdes, mas logo estarão boas para consumo.

25 Leia a seguir o trecho de uma reportagem da revista **Superinteressante**.

Como o homem transformou lobos em cachorros

A natureza fez os lobos. Mas foi o contato com os humanos que fez alguns deles virarem nossos cachorros.

O cão não é apenas o melhor amigo do homem, mas uma de nossas mais longevas invenções. Há controvérsias sobre muitos detalhes dessa história. Entretanto, uma coisa é certa: o cachorro como o conhecemos não existiria sem a mão do *Homo sapiens*.

Tudo começa com o *Hesperocyon* ("cão do Ocidente"), o mais antigo canino conhecido. Ele viveu na América do Norte há 37 milhões de anos. Tinha cerca de meio metro de comprimento, cauda longa e dentes afiados, próprios para rasgar carne e triturar ossos. [...]

BOTELHO, José Francisco. Como o homem transformou lobos em cachorros. **Superinteressante**, 31 maio 2019. Disponível em: <https://super.abril.com.br/ciencia/como-o-homem-transformou-lobos-em-cachorros/>. Acesso em: 11 jun. 2019.

• Sobre a palavra destacada, responda:

a) Qual é a sua classe gramatical?

b) A que palavra ela está associada?

26 Leia a seguir um trecho de **Memórias de um sargento de milícias,** de Manuel Antônio de Almeida.

> [...]
> — Menino, venha cá, você está ficando um homem (tinha ele 9 anos); é preciso que aprenda alguma coisa para vir um dia a ser gente; de segunda-feira em diante (estava em quarta-feira) começarei a ensinar-lhe o bê-a-bá. Farte-se de travessuras por este resto da semana.
> O menino ouviu este discurso com um ar meio admirado, meio desgostoso, e respondeu:
> — Então eu não hei de ir mais ao quintal, nem hei de brincar na porta?
> [...]
>
> Manuel Antônio de Almeida

a) Qual é a categoria gramatical das palavras em destaque no trecho?
_____

b) Na frase a seguir, a palavra **meio** deveria estar flexionada no feminino? Justifique.

A menina ouviu este discurso meio admirada, meio desgostosa.
_____
_____

27 Reescreva as orações a seguir, substituindo as palavras **meio** e **meia** por outras de mesmo sentido.

I. A água da piscina estava meio fria.
II. Meia porção de fritas é suficiente para mim.
III. Um meio de manter-se ativo é descobrir novos *hobbies*.

UNIDADE 5 — REGÊNCIA NOMINAL E VOZES VERBAIS

Regência nominal

1 Observe as palavras destacadas. Depois, identifique e sublinhe as expressões que complementam seus sentidos.

a) Carla costurou um vestido **idêntico** ao da loja.

b) A **certeza** de que irei viajar em breve me conforta.

c) Meus filhos têm verdadeira **admiração** aos avós.

d) Ficaram **indecisos** na escolha do imóvel.

2 Leia um trecho do livro **De mim já nem se lembra**, de Luiz Ruffato, e responda às questões.

> Enxugando as mãos no avental, minha mãe veio ao meu encontro, aninhou-me em seus braços e, avesso a seu feitio, beijou-me o rosto, olhos derramando saudades. [...]
>
> RUFFATO, Luiz. Explicação necessária. In: _____.
> **De mim já nem se lembra**. São Paulo: Companhia das Letras, 2016. p. 11.

a) Que preposição é regida pelo termo **avesso**?
_____

b) A que classe gramatical pertence o termo **avesso**?
_____

c) Trata-se de uma ocorrência de regência verbal ou nominal? Explique.
_____

3 Sabendo que a regência nominal é a relação entre nomes e seus complementos por meio de uma preposição, insira a preposição correta nas orações a seguir.

a) Todos ainda estão sensíveis _____ tema.

b) O 3º ano será responsável _____ decoração da festa.

c) Falta uma semana para o início das comemorações no bairro, e os moradores estão ávidos _____ ajudar.

d) A construção de novos parques é benéfica _____ comunidade.

53

4 Leia a seguir um trecho do livro **Eu vos abraço, milhões**, de Moacyr Scliar.

> De uma coisa posso me orgulhar, caro neto: poucos chegam, como eu, a uma idade tão avançada, àquela idade que as pessoas costumam chamar de provecta. Mais: poucos mantêm tamanha lucidez. Não estou falando só em raciocinar, em pensar; estou falando em lembrar. Coisa importante, lembrar. Aquela coisa de "recordar é viver" não passa, naturalmente, de um lugar-comum que jovens como você considerariam até algo meio burro: se a gente se dedica a recordar, quanto tempo sobra para a vida propriamente dita? A vida, que, para vocês, transcorre principalmente no mundo exterior, no relacionamento com os outros? [...]
>
> SCLIAR, Moacyr. **Eu vos abraço, milhões**. São Paulo: Companhia das Letras, 2010. p. 7.

- Agora, retome a oração a seguir e responda às questões.

"A vida, que, para vocês, transcorre principalmente no mundo exterior, no relacionamento **com** os outros?"

Provecta: adiantada, velha, que pertence à velhice.

a) Identifique o termo regente da preposição destacada.

b) Qual é a categoria gramatical do termo regente?

c) É um caso de regência verbal? Explique.

5 Leia a oração a seguir e selecione a alternativa que a preencha corretamente.

Redes de esgoto e água devem ser acessíveis _____ toda a população.

a) ☐ para com
b) ☐ a
c) ☐ para
d) ☐ à

6 Leia a oração a seguir e responda às questões.

Eles têm horror a baratas e insetos em geral.

a) Qual preposição é regida por **horror**?

b) Qual é o complemento da palavra **horror**?

c) Qual é a função do complemento na oração?

7 Observe as manchetes a seguir e responda às questões.

> **Rede une comunicadores e cientistas pela qualidade da divulgação da ciência**
>
> JORNAL DA USP, 25 fev. 2019.

> **Fapesp lança política de acesso a dados de pesquisa**
>
> JORNAL DA USP, 29 mar. 2019.

a) Identifique a classe gramatical dos termos em destaque. A regência é verbal ou nominal?

b) Quais são as preposições e os complementos que esses termos regem?

8 Leia a notícia a seguir e responda à questão.

> **Cientistas e cartunistas se unem para divulgar ciência em quadrinhos**
>
> [...] Todos os dias, novos conteúdos de ciências de criadores de todo o mundo são compartilhados em plataformas como YouTube, mídias sociais e *podcasts*. Mas também se destacam novos usos que os divulgadores têm dado para velhos meios. Nesta categoria, a adoção da linguagem dos quadrinhos tem bons exemplos aqui na Universidade. [...]
>
> O objetivo do estudo que deu origem à tirinha, feito quando Luciano Queiroz ainda estava na iniciação científica na Universidade Federal de Goiás (UFG), foi estudar como acontece a colonização de riachos por insetos aquáticos. [...]
>
> Dessa forma, autores esperam fazer chegar em mais gente os resultados alcançados no estudo, mostrando a importância dos insetos para a conservação dos ambientes aquáticos. "A combinação da linguagem visual e textual ao conteúdo científico facilita muito a compreensão dos conceitos mais abstratos ou técnicos", diz o quadrinista Marco Merlin.
>
> CAIRES, Luiza. Cientistas e cartunistas se unem para divulgar ciência em quadrinhos. **Jornal da USP**, 20 fev. 2019. Disponível em: <https://jornal.usp.br/ciencias/cientistas-e-cartunistas-se-unem-para-divulgar-ciencia-em-quadrinhos/>. Acesso em: 7 jun. 2019.

- Na frase "Nesta categoria, a adoção da linguagem dos quadrinhos tem bons exemplos aqui na Universidade.", há dois complementos nominais. Quais são eles e com quais termos estabelecem relação?

Complemento nominal

9 Leia um trecho do conto "*Herbarium*", de Lygia Fagundes Telles.

> [...] Aparecendo a ocasião, eu enveredava por caminhos os mais imprevistos, sem o menor cálculo de volta. Tudo ao acaso. Mas aos poucos, diante dele, minha mentira começou a ser dirigida, com um objetivo certo. Seria mais simples, por exemplo, dizer que colhi a bétula perto do córrego onde estava o espinheiro. [...]
>
> TELLES, Lygia Fagundes. *Herbarium*. In: _____. **O segredo e outras histórias de descoberta.** São Paulo: Companhia das Letras, 2012. p. 10-11.

- Selecione a alternativa que se classifica como um complemento nominal no texto.

a) ☐ A ocasião.
b) ☐ Por caminhos.
c) ☐ A ser dirigida.
d) ☐ Do córrego.

10 Selecione a alternativa que apresenta uma característica do complemento nominal.

a) ☐ Integra o sentido dos verbos.
b) ☐ Pode ou não ser antecedido por preposição.
c) ☐ Caracteriza um pronome.
d) ☐ Pode acompanhar advérbios.

11 Identifique a seguir o complemento nominal dos termos destacados.

a) O relatório ainda é **passível** de modificações, disse o técnico.

_____

b) **Obcecada** por dinossauros, a criança estava ansiosa pelo lançamento do filme.

_____

c) A enfermeira estava **apta** para o acompanhamento de cirurgias.

_____

d) **Diferentemente** de seus irmãos, ela não gostava de doces.

_____

12 Selecione a alternativa cuja frase apresenta em destaque um complemento nominal.

a) ☐ **À noite**, ninguém dormia bem, pois fazia muito calor.
b) ☐ As críticas referentes **ao livro** foram publicadas nos principais jornais.
c) ☐ Arranjos de flores lindíssimos estão dispostos no *hall* **do hotel**.
d) ☐ Preciso **de ajuda** para resolver os exercícios de Matemática.

13 Escreva frases com os termos a seguir. Use a preposição correspondente.

a) Acostumado.

b) Incompatível.

c) Permissão.

d) Concordância.

14 Leia a matéria e responda às questões.

> **Startup brasileira cria pele humana artificial para testes cosméticos**
>
> [...]
>
> Em decorrência das mudanças no mercado de cosméticos e a demanda dos clientes por produtos sustentáveis e econômicos, as empresas estão buscando soluções inovadoras e tecnológicas que atendam aos pedidos das marcas do país. A *startup* BioCellTis, por exemplo, desenvolveu uma pele humana artificial para ser utilizada em testes de produtos de beleza, substituindo os testes em animais.
>
> [...]
>
> CURY, Maria Eduarda. *Startup* brasileira cria pele humana artificial para testes cosméticos. **Exame**, 28 maio 2019. Disponível em: <https://exame.abril.com.br/ciencia/startup-brasileira-cria-pele-humana-artificial-para-testes-cosmeticos/>. Acesso em: 4 jun. 2019.

a) Observe os termos destacados. A que classe gramatical pertencem?

b) Que preposições são regidas por esses termos?

c) Quais são os complementos nominais das palavras em destaque?

57

15 Leia o texto a seguir e responda à questão.

> ### Proteína pode indicar predisposição a doenças cardiovasculares
>
> Medir o nível de uma enzima denominada PDIA1 no plasma sanguíneo pode se tornar uma forma de diagnosticar a predisposição a doenças cardiovasculares até mesmo em pessoas saudáveis – que não apresentam fatores de risco como obesidade, diabetes, colesterol alto ou tabagismo.
>
> [...]
>
> "Essa molécula integra uma família de proteínas conhecida como dissulfeto isomerase [PDI]. Nosso estudo mostrou que pessoas com baixo nível de PDIA1 no plasma têm um perfil de proteínas mais inflamatório, mais propenso à trombose. Por outro lado, indivíduos com plasma rico em PDIA1 têm mais proteínas do tipo que chamamos de *housekeeping*, relacionadas à adesão e à homeostase celular, ou seja, mais ligadas ao funcionamento normal do organismo", disse Francisco Rafael Martins Laurindo, professor da Faculdade de Medicina (FM) da USP e coordenador dos estudos.
>
> [...]
>
> JULIÃO, André. Proteína pode indicar predisposição a doenças cardiovasculares. **Exame**, 27 maio 2019. Disponível em: <https://exame.abril.com.br/ciencia/proteina-pode-indicar-predisposicao-a-doencas-cardiovasculares/>. Acesso em: 8 jun. 2019.

- Identifique no texto cinco exemplos de regência nominal com os termos regentes e regidos.

_____
_____
_____
_____
_____
_____

16 Leia o período a seguir.

Meu filho gosta muito **de** corridas de carro, mas sou alheio **a** competições.

- Os termos regidos pelas preposições em destaque são complementos nominais? Explique.

_____
_____
_____
_____

Vozes verbais

17 Leia a notícia a seguir e responda às questões.

> **Robô pinta quadros em estilo tradicional chinês**
>
> Um artista de Hong Kong criou um robô de inteligência artificial (IA) capaz de criar suas próprias pinturas.
>
> Victor Wong levou três anos para construir e programar o robô chamado A. I. Gemini e ensinar as técnicas artísticas.
>
> A aleatoriedade estava escrita nos algoritmos, o que significa que Wong não sabe previamente o que o robô vai pintar.
>
> [...]
>
> ROBÔ pinta quadros em estilo tradicional chinês. **Reuters**, 16 abr. 2019. Disponível em: <https://br.reuters.com/article/entertainmentNews/idBRKCN1RS1TA-OBREN>. Acesso em: 16 abr. 2019.

a) No título da notícia, qual é o sujeito da oração?
_____

b) Trata-se de um sujeito agente ou paciente? Explique.
_____

c) Transforme a oração em voz passiva sintética e em voz passiva analítica.
_____
_____

18 Leia a seguir um trecho de notícia.

> **Microscópio criado em Rondônia será capaz de analisar tecidos vivos**
>
> Pesquisadores em Porto Velho, Rondônia, estão na fase final de um projeto que prevê a implantação de um microscópio capaz de analisar tecidos vivos.
>
> O equipamento permite visualizar fenômenos biológicos em tempo real.
>
> A ferramenta está sendo desenvolvida pela Fundação Oswaldo Cruz.
>
> [...]
>
> MOREIRA, Michele. Microscópio criado em Rondônia será capaz de analisar tecidos vivos. **EBC**, 20 abr. 2019. Disponível em: <http://radioagencianacional.ebc.com.br/pesquisa-e-inovacao/audio/2019-04/ideias-inovadoras-microscopio-criado-em-rondonia-sera-capaz-de>. Acesso em: 8 jun. 2019.

- A oração destacada apresenta voz:

a) ☐ ativa.
b) ☐ reflexiva.
c) ☐ passiva sintética.
d) ☐ passiva analítica.

19 Leia a seguir um trecho de uma crônica de Antonio Prata.

Recordação

"Hoje a gente ia fazer vinte e cinco anos de casado", ele disse, me olhando pelo retrovisor. Fiquei sem reação: tinha pegado o táxi na Nove de Julho, o trânsito estava ruim, levamos meia hora pra percorrer a Faria Lima e chegar à rua dos Pinheiros, tudo no mais asséptico silêncio. Aí, então, ele me encara pelo espelhinho e, como se fosse a continuação de uma longa conversa, solta essa: "Hoje a gente ia fazer vinte e cinco anos de casado".

Meu espanto não durou muito, pois ele logo emendou: "Nunca vou esquecer: 1º de junho de 1988. **A gente se conheceu num barzinho lá em Santos** e dali pra frente nunca ficou um dia sem se falar! Até que cinco anos atrás... Fazer o quê, né? Se Deus quis assim...".

[...]

PRATA, Antonio. Recordação. In: _____. **Trinta e poucos**. São Paulo: Companhia das Letras, 2016. p. 12.

- Considere as afirmativas a seguir sobre a oração destacada e assinale a alternativa verdadeira.

I. Está na voz ativa.

II. O sujeito é **a gente**.

III. O sujeito pratica e também sofre a ação verbal.

a) ☐ I.
b) ☐ II.
c) ☐ III.
d) ☐ II e III.

20 Selecione a alternativa que apresenta uma oração na voz passiva sintética.

a) ☐ O muro da casa foi derrubado pelas intensas chuvas.
b) ☐ Após reclamações, considerou-se uma nova opção de alojamento para os jogadores.
c) ☐ O sedentarismo é um dos grandes problemas do nosso tempo.
d) ☐ Ao dar banho nos cachorros, molhou-se todo.

21 Identifique as vozes verbais das orações seguintes.

a) Os alunos participaram das atividades de inglês com entusiasmo.

b) O espaço de festas foi decorado rapidamente pela empresa contratada.

c) Olharam-se por um longo tempo.

d) Alteraram-se as regras de convivência do condomínio.

22 Leia o trecho a seguir de um conto de Luiz Ruffato.

> **Minha vida**
>
> [...]
> Uma correria danada durante a construção. Todos ajudaram. No dia de bater a laje, os colegas do meu irmão da Manufatora organizaram um mutirão. Parecia um caminho de formiga: lá embaixo, os que misturavam areia, cimento, pedra-brita e água; lá em cima, os que espalhavam a massa sobre o madeirame; e, entre uns e outros, os baldes, transbordando, passavam de mão em mão até alcançar a escada. [...]
>
> RUFFATO, Luiz. Minha vida. In: _____. **A cidade dorme**: contos. São Paulo: Companhia das Letras, 2018. p. 11.

a) Identifique o sujeito na frase em destaque.

b) O sujeito pratica ou recebe a ação verbal? Explique.

c) Transponha a oração lida para a voz passiva analítica e sintética.

23 Transponha as orações seguintes para a voz passiva analítica.

a) O cozinheiro comprou novas panelas.

b) Muitos clientes visitaram o novo restaurante.

24 Leia a notícia e responda às questões.

> **Cada pessoa come até 121 mil partículas de plástico por ano, diz estudo**
>
> Entre 2% e 5% de todo o plástico produzido no mundo acaba despejado nos oceanos, em forma de resíduo. Ali, esse material vai se degradando lentamente, se deteriorando – e se transforma no chamado microplástico, pequenas partículas que podem ser microscópicas ou chegar a até 5 milímetros de comprimento.
>
> Os mares estão cheios disso, em um processo que começou nos anos 1950, quando a indústria mundial passou a produzir mais maciçamente esses materiais.
>
> Mas esse lixo todo não para no mar. Essas pequenas partículas acabam ingeridas por animais marinhos e, assim, entrando na cadeia alimentar. No fim da linha, nós, humanos, acabamos comendo plástico.
>
> [...]
>
> VEIGA, Edison. Cada pessoa come até 121 mil partículas de plástico por ano, diz estudo. **BBC Brasil**. Disponível em: <https://www.bbc.com/portuguese/geral-48518601>. Acesso em: 8 jun. 2019.

a) Na frase em destaque, qual é o agente da passiva?

b) Reescreva a frase, agora na voz ativa.

25 Leia título e linha fina de uma reportagem.

> **Cientistas descobrem composto que mata bactérias super-resistentes**
>
> *Elas já fazem 700 mil vítimas todos os anos. Entenda a importância do combate às superbactérias*
>
> SUPERINTERESSANTE, 31 maio 2019.

a) O título é composto de duas orações. Qual é o sujeito da primeira?

b) Qual é a transitividade do verbo **descobrir**? Identifique e classifique o seu complemento verbal.

c) Reescreva a manchete, transformando a voz ativa em voz passiva.

26 Leia um trecho de uma notícia.

> **O controle das emoções**
>
> [...]
>
> Em um artigo recém-publicado na revista americana *Current Biology*, cientistas da Universidade de Boston revelaram que, trabalhando com camundongos, desenvolveram uma técnica inédita para mapear e controlar partes do cérebro que guardam os sentimentos ligados a lembranças boas e ruins. Utilizando ratos geneticamente modificados – para que seus neurônios reagissem a estímulos de luz –, os pesquisadores conectaram ao cérebro dos roedores pequenas fibras ópticas capazes de iluminar a região estudada. [...]
>
> LOPES, André. O controle das emoções. **Veja**, 31 maio 2019. Disponível em: <https://veja.abril.com.br/ciencia/o-controle-das-emocoes/>. Acesso em: 8 jun. 2019.

a) Identifique, na oração destacada, o sujeito e o objeto direto.

b) Nessa oração, o sujeito é agente ou paciente?

c) Reescreva a oração, transformando o sujeito em agente da passiva sem alterar o sentido original do texto.

27 Leia o trecho da notícia a seguir.

> **Pesquisadores encontram material extraterrestre em rochas africanas**
>
> Um grupo de pesquisadores franceses e italianos encontrou evidências da presença de carbono extraterrestre em rochas na Terra. As amostras foram localizadas em rochas da África do Sul, formadas cerca de 3,3 bilhões de anos atrás.
>
> De acordo com um artigo publicado pelo *ScienceDirect*, para descobrir o tipo de material que compunha as rochas, a equipe utilizou uma técnica conhecida por ressonância paramagnética eletrônica, que estuda a composição química das moléculas presentes nos sedimentos rochosos.
>
> Na primeira amostra recolhida, duas camadas de material orgânico insolúvel foram detectadas. Uma camada era mais similar – na questão da composição – a outras amostras recolhidas de rochas ao redor do mundo. No entanto, ao observarem a segunda camada dessa amostra, os pesquisadores descobriram que ela não se assemelhava a nenhuma rocha terrestre que já tivesse sido estudada.
>
> [...]
>
> CURY, Maria Eduarda. Pesquisadores encontram material extraterrestre em rochas africanas. **Exame**, 30 maio 2019. Disponível em: <https://exame.abril.com.br/ciencia/pesquisadores-encontram-material-extraterrestre-em-rochas-africanas/>. Acesso em: 8 jun. 2019.

a) As duas primeiras orações destacadas estão na voz ativa. Identifique o sujeito e o objeto direto de cada uma delas.

_____
_____
_____

b) Reescreva as duas primeiras orações utilizando voz passiva analítica.

_____
_____
_____

c) A última oração destacada está na voz passiva analítica. Reescreva-a utilizando a voz passiva sintética.

_____
_____

28 Escreva a voz ativa das orações a seguir.

a) Os *e-mails* serão enviados em breve pelos organizadores do evento.

b) Um novo semáforo foi instalado pela prefeitura na avenida.

29 Leia as orações a seguir e responda à questão.

I. Penteou-se com tranquilidade em frente ao espelho.

II. Entregaram-se os prêmios após a competição.

- Em ambas, há o uso da voz reflexiva? Justifique sua resposta.

30 Leia o fragmento da notícia a seguir, observando as vozes verbais nos trechos destacados.

O misterioso "planeta proibido" encontrado em lugar "impossível"

Uma equipe internacional de cientistas descobriu o primeiro exoplaneta (ou seja, um planeta fora do Sistema Solar) no chamado Deserto Neptuniano – região tão próxima de uma estrela e tão sujeita à radiação que não era esperado que nenhum planeta de tamanho similar a Netuno pudesse existir por ali. [...]

Também já haviam sido encontrados ali planetas muito pequenos, ou pequenos núcleos rochosos, mas jamais um planeta como o recém-descoberto, que retenha sua atmosfera.

MARTINS, Alejandra. O misterioso 'planeta proibido' encontrado em lugar 'impossível'. **BBC Brasil**, 31 maio 2019. Disponível em: <https://www.bbc.com/portuguese/geral-48466207>. Acesso em: 8 jun. 2019.

a) Identifique as vozes verbais de cada trecho em destaque.

b) Na oração de voz ativa, identifique o objeto.

c) Reescreva em voz passiva a oração que está em voz ativa.

Uso de a fim de

31 Leia o trecho de um artigo.

> **O mundo vai para os EUA a fim de estudar**
>
> Quase 1,1 milhão de estudantes internacionais – um número recorde – frequenta faculdades e universidades americanas, a maioria atraída por programas estelares em Engenharia, Ciências, Matemática e Ciência da Computação, além de Administração de Empresas, que são um passaporte para o sucesso no mundo corporativo.
>
> Mas eles também se preparam para carreiras em uma variedade de outras profissões, desde Artes Cênicas até Estudos Jurídicos, Arquitetura e Combate a Incêndios.
>
> Com o intuito de marcar a Semana Internacional da Educação, o Departamento de Estado dos EUA e o Instituto de Educação Internacional divulgaram em 13 de novembro o Portas Abertas 2018, seu censo anual de estudantes.
>
> [...]
>
> SHAREAMERICA. O mundo vai para os EUA a fim de estudar. Disponível em: <https://share.america.gov/pt-br/o-mundo-vai-para-os-eua-a-fim-de-estudar/>. Acesso em: 8 jun. 2019.

a) Identifique, no fragmento, duas expressões que estabelecem relação de finalidade.

b) Reescreva os períodos em que essas expressões são usadas, substituindo-as por outras de significado semelhante, sem alterar o sentido do texto.

32 Leia o trecho de um artigo e responda à questão.

> ### Como estudar gramática para concursos públicos?
> Para você, concursando, que dispõe de pouco tempo para os estudos, temos ótimas dicas, a fim de que consiga potencializar seus conhecimentos relacionados à disciplina de Língua Portuguesa, matéria esta que é cobrada em grande parte dos concursos. Por isso é tão importante estar em dia com seus estudos. [...]
>
> PIMENTEL, Ernani. **Como estudar gramática para concursos públicos?** Disponível em: <http://blog.vestcon.com.br/como-estudar-gramatica-para-concursos-publicos/>. Acesso em: 8 jun. 2019.

- **A fim de** é uma locução prepositiva que indica uma finalidade. Das expressões a seguir, qual poderia substituir a locução em destaque no texto?

a) ☐ A que.
b) ☐ Para que.
c) ☐ De que.
d) ☐ Com que.

33 Leia o trecho de uma notícia, observando o sentido estabelecido pela expressão em destaque.

> ### Aeroportos de Guarulhos e Salvador começam hoje a fiscalizar bagagens
> A partir de hoje (23), quem viajar a partir dos aeroportos Internacional de São Paulo, em Guarulhos (SP), ou Luís Eduardo Magalhães, em Salvador, deve estar atento às dimensões de sua bagagem de mão a fim de evitar surpresas e despesas adicionais. As malas que excederem ao tamanho estipulado pela Agência Nacional de Aviação Civil (Anac) terão que ser obrigatoriamente despachadas, com custos para o passageiro.
> [...]
>
> RODRIGUES, Alex. Aeroportos de Guarulhos e Salvador começam hoje a fiscalizar bagagens. **Agência Brasil**, 23 maio 2019. Disponível em: <http://agenciabrasil.ebc.com.br/geral/noticia/2019-05/aeroportos-de-guarulhos-e-salvador-comecam-hoje-fiscalizar-bagagens>. Acesso em: 10 jun. 2019.

- Substitua a expressão em destaque por outra, que possua o mesmo significado.

_____

_____

UNIDADE 6 — CONCORDÂNCIA VERBAL E NOMINAL E PREDICATIVOS

Concordância verbal e concordância nominal: casos especiais

1 Complete as lacunas das frases a seguir com as palavras do quadro. Faça ajustes quando necessário.

| muito | rápido | primeiro | melhor |

a) _____ pessoas moram na cidade.

b) É _____ importante lavar as mãos antes das refeições.

c) Vocês andam _____ demais.

d) Ele cruzou a quadra com cinco passadas _____.

e) A atleta chegou em _____ lugar.

f) Os _____ colocados serão homenageados.

g) É _____ prevenir do que remediar.

h) O festival exibirá os _____ filmes neste fim de semana.

2 Leia a seguir um trecho da crônica "A casa viaja no tempo", de Rubem Braga.

> [...]
> Sento-me, por acaso, ao lado de uma jovem senhora, amiga da família, e a conversa é tranquila e morna. Mas de repente, a propósito de alguma coisa, ela diz que se lembra de mim há muito tempo. "Você vinha às vezes jantar, sempre assim, de paletó e sem gravata. Sentava calado, com a cara *meio* triste, um ar sério. Eu me lembro muito bem. Eu tinha seis anos...".
> [...]
>
> BRAGA, Rubem. A casa viaja no tempo. In: _____. **Rubem Braga**. São Paulo: Global, 2014. (Coleção Melhores Crônicas). eBook.

- A palavra em destaque no trecho concorda com:

a) ☐ cara.
b) ☐ triste.
c) ☐ calado.
d) ☐ nenhuma palavra, pois é advérbio.

3 Leia a seguir o trecho de uma reportagem.

> ### O aquecimento global, a Amazônia e os... lagartos???
>
> [...]
> Os cientistas estão tentando entender o que pode acontecer com os lagartos se o aquecimento global continuar. Para os lagartos da Amazônia, por exemplo, o futuro já é bastante preocupante, porque existe pouca informação sobre a maioria das espécies.
>
> Se nada for feito para diminuir esse aquecimento, 35 espécies de lagartos da Amazônia têm grande chance de desaparecer [...].
>
> DIELE-VIEGAS, Luisa; ROCHA, Carlos Frederico D. O aquecimento global, a Amazônia e os... lagartos??? **Ciência Hoje das Crianças**, n. 296, fev. 2019. Disponível em: <http://chc.org.br/artigo/o-aquecimento-global-a-amazonia-e-os-lagartos/>. Acesso em: 14 jun. 2019.

- Marque **V** para as afirmações verdadeiras e **F** para as falsas.

a) ( ) O verbo **continuar** está flexionado corretamente, pois concorda com **o aquecimento global**.

b) ( ) A palavra **bastante** é um advérbio, por isso não está flexionada.

c) ( ) O adjetivo **pouca** concorda com o substantivo **informação**.

d) ( ) É incorreto o plural do verbo **ter**, pois deveria concordar com o substantivo **Amazônia**.

4 Complete as frases a seguir, flexionando, quando necessário, as palavras entre parênteses.

a) Eles agiram _____. (mal)

b) Há _____ que vêm para o bem. (mal)

c) Normalmente, _____ pessoas viajam nos feriados. (muito)

d) Nós gostamos _____ da leitura. (muito)

e) Em _____ tempo, ele realizou toda a tarefa. (pouco)

f) Nós temos _____ amigos. (pouco)

g) As meninas estão _____ cansadas hoje. (meio)

5 Leia o trava-língua a seguir.

> Ao topar com
> Três tigres tagarelas
> Três tatus
> Ficaram tão atarantados
> Que tocaram terra
> Na própria toca.
>
> TRAVA-LÍNGUAS. In: ABREU, Ana Rosa et al. **Alfabetização**: livro do aluno. Brasília: Fundescola/SEF-MEC, 2000. p. 64. v. 1.

- Justifique o uso do plural dos verbos **ficar** e **tocar** no texto.

_____

6 Assinale a alternativa cuja concordância esteja correta.

a) ☐ Eles estão meios preocupados hoje.
b) ☐ Aquelas roupas são muito caro.
c) ☐ Algumas pessoas caminharam bastante.
d) ☐ Os contratos estão anexo no *e-mail*.

7 Passe a frase a seguir para o feminino.

Maus líderes prejudicam o desempenho dos funcionários.

_____

_____

8 Leia a seguir o trecho de uma reportagem.

Intenção de consumo das famílias cai pelo segundo mês consecutivo

Pelo segundo mês consecutivo, a Intenção de Consumo das Famílias (ICF) registrou queda. Este mês, o índice medido pela Confederação Nacional do Comércio caiu 1,9%. Em março, ele já havia recuado em 0,4%.

[...]

AGÊNCIA BRASIL. **Intenção de consumo das famílias cai pelo segundo mês consecutivo**. 26 abr. 2019. Disponível em: <http://agenciabrasil.ebc.com.br/economia/noticia/2019-04/intencao-de-consumo-das-familias-cai-pelo-segundo-mes-consecutivo>. Acesso em: 14 jun. 2019.

- Identifique o verbo no título da notícia. Ele está no singular ou no plural? Explique.

_____

_____

9 Leia a seguir um trecho de **Memórias póstumas de Brás Cubas,** de Machado de Assis.

> [...] Agora, porém, que estou cá do outro lado da vida, posso confessar tudo: o que me influiu principalmente foi o gosto de ver impressas nos jornais, mostradores, folhetos, esquinas, e enfim nas caixinhas de remédio, estas três palavras: *Emplasto Brás Cubas*. Para que negá-lo? [...]
>
> Machado de Assis

a) O adjetivo **impressas** concorda com qual termo?

b) O pronome pessoal do caso oblíquo **lo** se refere a qual termo?

c) Justifique o uso do adjetivo **impressas** no feminino plural e do pronome **lo** no masculino singular.

d) Observe novamente este fragmento:

> "o gosto de ver impressas nos jornais, mostradores, folhetos, esquinas, e enfim nas caixinhas de remédio, estas três palavras: *Emplasto Brás Cubas*."

- Se "estas três palavras" fosse substituído por "estes três termos", alguma outra palavra desse fragmento precisaria ser alterada? Qual? Justifique.

Predicativo do sujeito e predicativo do objeto

10 Leia a frase a seguir.

> Os seres mágicos, como o saci, são fascinantes.

a) Qual foi o verbo empregado para introduzir uma característica dos seres mágicos? Classifique-o sintaticamente.

_____

b) Classifique sintaticamente o termo **fascinantes**.

_____

11 Leia a oração a seguir e responda às questões.

Os torcedores, nos anos 1970, consideravam a seleção brasileira imbatível.

a) Identifique o sujeito e o predicado dessa oração.

_____

b) Com qual parte da oração a palavra **imbatível** se relaciona?

_____

c) Que função a palavra **imbatível** exerce na oração?

_____
_____

12 Leia a seguir um trecho do poema "Infância", de Carlos Drummond de Andrade.

> [...]
> Minha mãe ficava sentada cosendo
> olhando para mim:
> — Psiu... Não acorde o menino.
> Para o berço onde pousou um mosquito.
> E dava um suspiro... que fundo!
> [...]

DRUMMOND DE ANDRADE, Carlos. Infância. In: _____. **Alguma poesia**. São Paulo: Companhia das Letras, 2013.

- Identifique a função da palavra **sentada**, em destaque no trecho.

_____

13 Observe a seguir a capa de um folheto de campanha.

> **UM MOSQUITO NÃO É MAIS FORTE QUE UM PAÍS INTEIRO.**
>
> **#ZIKAZERO**
>
> UM GUIA PARA ELIMINAR OS CRIADOUROS EM SUA CASA.
>
> DISQUE SAÚDE 136 — www.saude.gov.br
>
> GOVERNO FEDERAL — BRASIL PÁTRIA EDUCADORA

MINISTÉRIO DA SAÚDE/GOVERNO FEDERAL

- Identifique o predicativo do sujeito presente no folheto.

_____

14 Assinale a alternativa em que há predicativo do sujeito.

a) ☐ A aula de hoje foi produtiva.
b) ☐ Os alunos realizaram as tarefas de Língua Portuguesa.
c) ☐ A crítica considerou o espetáculo excelente.
d) ☐ Achamos o museu muito interessante.

15 Relacione a coluna I com a coluna II.

Coluna I	Coluna II
[A] Predicativo do sujeito. [B] Predicativo do objeto.	☐ Os viajantes ficaram **cansados**. ☐ Filmes de terror deixavam-na **assustada**. ☐ Todos ficaram **satisfeitos** com as notas das provas. ☐ Os alunos consideraram as obras do museu **exuberantes**. ☐ Ficamos **animados** com a notícia. ☐ A notícia deixou os pais **aliviados**.

16 Leia um trecho de **Dom Casmurro**, de Machado de Assis.

> [...] Jurei não ir ver Capitu aquela tarde, nem nunca mais, e fazer-me padre de uma vez. Via-me já ordenado, diante dela, que choraria de arrependimento e me pediria perdão, mas eu, frio e sereno, não teria mais que desprezo, muito desprezo; voltava-lhe as costas. Chamava-lhe perversa. Duas vezes dei por mim mordendo os dentes, como se a tivesse entre eles. [...]
>
> Machado de Assis

a) Identifique o sujeito da oração "Chamava-lhe perversa.".

_____

b) Qual é a função sintática da palavra em destaque nessa oração? A qual termo essa palavra se refere?

_____

17 Escreva uma oração que contenha um predicativo do objeto. Utilize o verbo que desejar e escolha entre os substantivos e os adjetivos do quadro a seguir, fazendo as adaptações necessárias.

irreconhecível	caminho	amedrontador	segredo
incerto	alegria	curado	palavra
escuridão	satisfeito	olhar	médico
impenetrável	paciente	deserto	rua

_____

_____

18 Leia o trecho a seguir e responda à questão.

Tudo começou com a agricultura

> Durante muitos milênios, o homem foi nômade, caçando e colhendo na natureza seu alimento. Apenas há 10 mil anos, sua vida começou a se transformar. [...]
>
> MINISTÉRIO DA EDUCAÇÃO. Secretaria da Educação Básica. **Caderno de teoria e prática 6**: avaliação e projetos na sala de aula. Brasília: Fundescola/Dipro/FNDE/MEC, 2007. p. 119. (Toda criança aprendendo. Praler: apoio a leitura e escrita).

- Identifique no texto um verbo de ligação e um predicativo do sujeito.

_____

19 Identifique no texto a seguir o predicativo do sujeito.

Hortelã

Hortelã é o nome genérico dado às plantas herbáceas do gênero *Mentha*, originárias de regiões de clima temperado. [...]

BRITANNICA Escola. **Hortelã**. Disponível em: <https://escola.britannica.com.br/artigo/hortel%C3%A3/483289>. Acesso em: 14 jun. 2019.

___
___

20 Sublinhe o predicativo do objeto nas frases a seguir.
a) Os alunos consideravam o professor de História excepcional.
b) Eles a encontraram sozinha em casa.
c) As tarefas de Língua Inglesa eram muitas e deixaram a aluna preocupada.
d) Mantenha a cidade limpa.
e) Um golpe de sorte tornou o impossível possível.

Crase

21 Assinale a alternativa em que o uso da crase está correto.
a) ☐ À partir do próximo mês, haverá promoção.
b) ☐ Fomos ao cinema à pé.
c) ☐ Vamos à festa no fim de semana.
d) ☐ Realizamos doações à entidades carentes.

22 Leia a frase a seguir e explique o uso da crase na palavra em destaque.

O casal de idosos foi **àquele** parque para fazer uma caminhada.

___
___

23 Observe a placa a seguir.

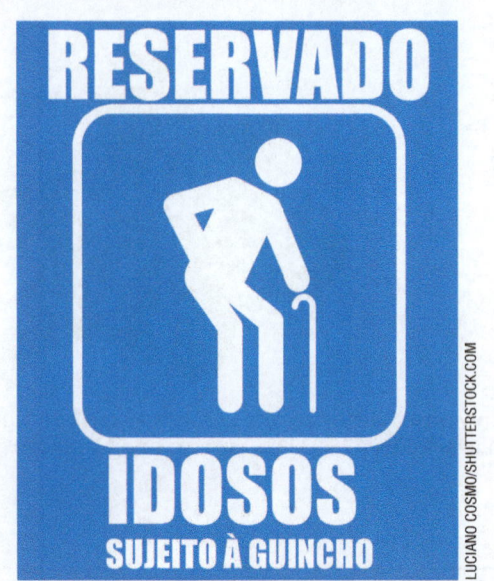

[Placa: RESERVADO IDOSOS SUJEITO À GUINCHO]

- Assinale a alternativa correta.

a) ☐ Está correto o uso da crase diante da palavra **guincho**, pois a palavra **sujeito** pede preposição.

b) ☐ Está incorreto o uso da crase, pois ela não ocorre diante de palavra masculina.

c) ☐ O uso da crase nesse caso é opcional.

d) ☐ A crase está corretamente empregada, pois **a guincho** é uma expressão feminina.

24 Leia a seguir um trecho de um poema de Castro Alves.

Fé, esperança e caridade

Quando a infância corria alegre, à toa,
Como a primeira flor que, na lagoa,
Sobre o cristal das águas se revê,
Em minha infância refletiu-se a tua...
Beijei-te as mãos suaves, pequeninas,
Tinhas um palpitar de asas divinas...
Eras — o Anjo da Fé!...
[...]

Castro Alves

- Justifique o uso da crase em **à toa**.

_____
_____

25 Leia as orações a seguir.

I. Prometi contar à minha amiga o final da história.

II. Prometi contar a minha amiga o final da história.

- Em qual das orações o uso da crase está correto? Justifique.

_____
_____

26 Complete as lacunas das frases a seguir com os termos do quadro, sem repeti-los.

| a | as | à | às | aquela | àquela |

a) _____ medida que o tempo passa, fica mais fácil ser compreensivo.

b) Todos devem obedecer _____ leis de trânsito.

c) Quero ir _____ biblioteca.

d) Passamos o fim de semana no interior e andamos _____ cavalo.

e) Eles trouxeram _____ revistas e os jornais para a sala de aula.

f) Quando eu for para _____ cidade, ficarei muito feliz.

27 Leia a seguir um trecho de **Esaú e Jacó**, de Machado de Assis.

> ## Manhã de 15
> Quando lhe acontecia o que ficou contado, era costume de Aires sair cedo, a espairecer. Nem sempre acertava. Desta vez foi ao Passeio Público. Chegou às sete horas e meia, entrou, subiu ao terraço e olhou para o mar. O mar estava crespo. Aires começou a passear ao longo do terraço, ouvindo as ondas, e chegando-se à borda, de quando em quando, para vê-las bater e recuar.
> [...]
>
> Machado de Assis

a) Justifique o uso de crase na frase "Chegou às sete horas e meia, entrou, subiu ao terraço e olhou para o mar.".
_____
_____

b) Justifique a ausência de crase no trecho "Aires começou a passear ao longo do terraço".
_____
_____

c) Justifique o uso de crase no trecho "chegando-se à borda".
_____
_____
_____

UNIDADE 7 — PERÍODO COMPOSTO POR COORDENAÇÃO E COLOCAÇÃO PRONOMINAL

Período composto por coordenação

1 Leia a seguir um trecho de uma reportagem.

> **O desafio de escrever o primeiro livro. Veja o que dizem quatro escritores**
>
> Em qualquer área, até as boas ideias enfrentam dificuldades para não ficarem restritas aos planos, idealizações ou abstrações **e** ganharem vida. Isso também vale para os livros. Mesmo entre aqueles que começaram a ser colocados em prática, boa parte não passou de um rascunho **ou** se perdeu no percurso por falta de clareza, organização ou dedicação. [...]
>
> ROCHA, Camilo. O desafio de escrever o primeiro livro. Veja o que dizem quatro escritores. **Nexo Jornal**, 14 jun. 2017. Disponível em: <https://www.nexojornal.com.br/servico/2017/06/14/O-desafio-de-escrever-o-primeiro-livro.-Veja-o-que-dizem-quatro-escritores>. Acesso em: 14 jun. 2019.

- Assinale a alternativa que nomeia corretamente as conjunções destacadas no texto.

   a) ☐ Adição e explicação.
   b) ☐ Adição e alternância.
   c) ☐ Explicação e alternância.
   d) ☐ Conclusão e explicação.

2 Leia a seguir um trecho do relato da escritora Ilona Szabó sobre a criação de personagens em sua obra.

> [...]
> Os personagens foram pensados, **mas** com inspiração em pessoas que eu conheci. Eles são todos composições, condensando várias histórias, **mas** a inspiração veio de alguém de carne e osso, com quem eu tive contato em algum momento. [...]
>
> ROCHA, Camilo. O desafio de escrever o primeiro livro. Veja o que dizem quatro escritores. **Nexo Jornal**, 14 jun. 2017. Disponível em: <https://www.nexojornal.com.br/servico/2017/06/14/O-desafio-de-escrever-o-primeiro-livro.-Veja-o-que-dizem-quatro-escritores>. Acesso em: 11 jun. 2019.

- Que relação de sentido é estabelecida pelas conjunções em destaque?

   a) ☐ Adição.
   b) ☐ Oposição.
   c) ☐ Alternância.
   d) ☐ Explicação.

3 Leia a seguir um trecho do conto "Caçador de vidro", de João Anzanello Carrascoza.

> [...]
> O homem desliga o motor, tira do porta-luvas a carteira de motorista e abaixa o vidro lateral. Pelo retrovisor observa o guarda que atravessa a pista e se acerca, lentamente.
> [...]
>
> CARRASCOZA, João Anzanello. Caçador de vidro. In: ____.
> **O volume do silêncio**. São Paulo: Sesi-SP, 2017. eBook.

- Sobre o período destacado, marque a alternativa correta.

a) ☐ O período é composto de duas orações.
b) ☐ Uma das orações tem sujeito desinencial (ele).
c) ☐ Todas as orações são assindéticas.
d) ☐ A conjunção **e**, no contexto, tem sentido de adição.

4 Leia a seguir um fragmento da crônica "Os Teixeiras moravam em frente", de Rubem Braga.

> [...]
> Não tínhamos nada contra eles: o velho, de bigodes brancos, era sério e cordial **e** às vezes até nos cumprimentava com deferência. O outro homem da casa tinha uma voz grossa e alta, **mas** nunca interferiu em nossa vida, **e** passava a maior parte do tempo em uma fazenda fora da cidade; além disso seu jeito de valentão nos agradava, **porque** ele torcia para o mesmo time que nós.
> [...]
>
> BRAGA, Rubem. Os Teixeiras moravam em frente In: ____. **Crônicas do Espírito Santo**. São Paulo: Global, 2013.

- Nos contos, as sequências descritivas geralmente têm a função de caracterizar personagens e ambientes. No fragmento, essa sequência apresenta períodos compostos de orações coordenadas. Qual o efeito de sentido de cada uma das conjunções destacadas?

_____
_____
_____

5 Leia a seguir o trecho de uma entrevista concedida por Luís Antonio Torelli, ex-presidente da Câmara Brasileira do Livro.

> [...]
> *Por que parte da população ainda não tem o hábito de ler?*
> [...] O livro na escola é sempre encarado como objeto apenas para fazer uma prova e tirar nota. A relação do estudante com o livro é ruim. Eles leem não por prazer ou vontade, mas porque o colégio exigiu. E isso é uma coisa que acompanha o aluno até o vestibular e causa reflexos na vida adulta.
> [...]
>
> AMARO, Daniel. 44% da população não pratica o hábito da leitura. **Edição do Brasil**, 26 out. 2018. Disponível em: <http://edicaodobrasil.com.br/2018/10/26/44-da-populacao-brasileira-nao-pratica-o-habito-da-leitura/>. Acesso em: 14 jun. 2019.

a) A conjunção **e** é usada para ligar tanto termos de uma oração quanto orações coordenadas. Transcreva, do trecho, as ocorrências dessa conjunção para introduzir uma oração coordenada.

b) Sublinhe no texto uma conjunção que inicia uma oração coordenada sindética adversativa.

6 Leia um trecho de "Conto de escola", de Machado de Assis.

> [...] Custa-me dizer que eu era dos mais adiantados da escola; *mas* era. Não digo também que era dos mais inteligentes, por um escrúpulo fácil de entender e de excelente efeito no estilo, *mas* não tenho outra convicção. Note-se que não era pálido nem mofino: tinha boas cores e músculos de ferro. Na lição de escrita, por exemplo, acabava sempre antes de todos, *mas* deixava-me estar a recortar narizes no papel ou na tábua, ocupação sem nobreza nem espiritualidade, *mas* em todo caso ingênua.
> [...]
>
> Machado de Assis

• Qual é o efeito de sentido dos conectivos em destaque?

a) ☐ As conjunções têm o sentido de oposição, contrapondo ideias distintas e contrárias.

b) ☐ A ideia do fragmento é explicar o que aconteceu, por isso a presença constante das conjunções equivalentes a **porque** ou **pois**.

c) ☐ As conjunções têm sentido de adição, dando a ideia de complementação de características do narrador.

d) ☐ As conjunções têm sentido de conclusão, dando a ideia de finalização de um pensamento.

7 Leia a seguir a introdução de uma reportagem sobre a importância da leitura.

> **4 benefícios que a leitura traz para o cérebro (e para a vida)**
>
> Ler faz bem! Todo mundo já ouviu **ou** disse essa frase, provavelmente mais de uma vez. Esse é um daqueles lugares-comuns que não se esgotam. Já repetimos muito isso por aqui, **mas** é fato consumado que ler é ótimo para o cérebro e para os estudos – a sua inteligência agradece, **e** a aprovação no vestibular também.
>
> [...]
>
> LOURENÇO, Ana. 4 benefícios que a leitura traz para o cérebro (e para a vida). **Guia do Estudante**, 17 dez. 2018. Disponível em: <https://guiadoestudante.abril.com.br/blog/estante/4-beneficios-que-a-leitura-traz-para-o-cerebro-e-para-a-vida/>. Acesso em: 14 jun. 2019.

- No trecho, as relações semânticas estabelecidas pelas conjunções destacadas são, respectivamente:

a) ☐ alternância, oposição, conclusão.
b) ☐ alternância, oposição, adição.
c) ☐ oposição, conclusão, adição.
d) ☐ oposição, alternância, conclusão.

8 Leia um fragmento de "Três gênios de secretaria", de Lima Barreto.

> Estas minhas memórias que há dias tento começar, são deveras difíceis de executar, **pois** se imaginarem que a minha secretaria é de pequeno pessoal e pouco nela se passa de notável, bem avaliarão em que apuros me encontro para dar volume às minhas recordações de velho funcionário. [...]
>
> Lima Barreto

- Qual é o efeito de sentido da conjunção destacada no fragmento?

a) ☐ Tem sentido de oposição, contrapondo ideias distintas e contrárias.
b) ☐ Serve para explicar, justificar, e é equivalente a **porque**.
c) ☐ Tem sentido de adição, dando a ideia de complementação de acontecimentos na narrativa.
d) ☐ Expressa uma ideia de alternância: há uma alternativa ou outra.

9 Leia a seguir um fragmento de "A rua", de João do Rio.

> [...] A rua é generosa. O crime, o delírio, a miséria não os denuncia ela. A rua é a transformadora das línguas. [...]
>
> João do Rio

a) O trecho é composto de três orações assindéticas. Identifique o sujeito da segunda.
_____

b) A que o pronome oblíquo **os** se refere?
_____

10 Reescreva as orações a seguir, substituindo a conjunção que marca a ligação entre elas, sem que haja alteração do sentido.

a) Segundo pesquisas, a leitura é importante para o desenvolvimento dos estudantes, **mas** infelizmente não é um hábito no Brasil.
_____

b) É fundamental ler, **sejam** romances, **sejam** jornais... A leitura é a chave da formação de um estudante.
_____

c) A formação de leitores é essencial, **porque** amplia as possibilidades de inserção social.
_____

Colocação pronominal

11 Leia um trecho do conto "A carteira", de Machado de Assis.

> [...] Honório teve tentações de fechar os olhos, correr à cocheira, pagar, e, depois de paga a dívida, adeus; reconciliar-se-ia consigo. Fechou a carteira, e com medo de a perder, tornou a guardá-la. [...]
>
> Machado de Assis

- Justifique o emprego da mesóclise na oração destacada.
_____

82

12 Leia a seguir outro fragmento de "Conto de escola", de Machado de Assis.

> [...] Sonhava para mim uma grande posição comercial [...]. Citava-me nomes de capitalistas que tinham começado ao balcão. Ora, foi a lembrança do último castigo que me levou naquela manhã para o colégio. Não era um menino de virtudes.
> [...]
>
> Machado de Assis

a) A que ou a quem se refere o pronome destacado no texto?

b) Em que posições em relação ao verbo esse pronome aparece? Identifique se ocorreu próclise ou ênclise.

c) No(s) caso(s) em que ocorreu próclise, que palavra(s) aparece(m) antes do pronome?

13 Leia a seguir outro trecho do conto "A carteira", de Machado de Assis.

> [...] Pediu alguma coisa e encostou-se à parede, olhando para fora. Tinha medo de abrir a carteira; podia não achar nada, apenas papéis e sem valor para ele. Ao mesmo tempo, e esta era a causa principal das reflexões, a consciência perguntava-lhe se podia utilizar-se do dinheiro que achasse. Não lhe perguntava com o ar de quem não sabe, mas antes com uma expressão irônica e de censura [...].
>
> Machado de Assis

a) Indique se ocorreu próclise ou ênclise dos pronomes destacados.

b) Que palavra aparece antes do pronome no(s) caso(s) de próclise?

83

14 Leia um fragmento do conto "A chave", de Machado de Assis.

> [...] Lá está ela, à porta da barraca com as mãos cruzadas no peito, como quem tem frio; traja a roupa usual das banhistas, roupa que só dá elegância a quem já **a** tiver em subido grau. É o nosso caso.
> Assim, à meia-luz da manhã nascente, não sei se poderíamos vê-**la** de modo claro. [...]
>
> Machado de Assis

a) Observe os pronomes destacados. A que ou a quem eles se referem?

b) Em que posição estão esses pronomes em relação ao verbo? Se houver próclise, justifique a sua ocorrência.

15 Leia a seguir uma estrofe do poema "Acordar da cidade de Lisboa, mais tarde do que as outras", de Fernando Pessoa.

> [...]
> Eu adoro todas as coisas
> E o meu coração é um albergue aberto toda a noite.
> Tenho pela vida um interesse ávido
> Que busca compreendê-**la** sentindo-**a** muito.
> Amo tudo, animo tudo, empresto humanidade a tudo,
> Aos homens e às pedras, às almas e às máquinas,
> Para aumentar com isso a minha personalidade.
> [...]
>
> Fernando Pessoa

a) Observe os pronomes destacados. A que ou a quem eles se referem?

b) Justifique a colocação desses pronomes.

Usos de por que, por quê, porque, porquê

16 Selecione a alternativa em que o termo em destaque está empregado corretamente.

a) ☐ **Porque** você está triste hoje? Pode me contar.
b) ☐ Muito estranho... Maria faltou hoje, **porquê**?
c) ☐ O **por quê** de tudo isso nunca saberemos.
d) ☐ Nunca viajou de avião **porque** tem medo de altura.

17 Assinale a alternativa que identifica as formas corretas do **porquê** destacadas no diálogo a seguir.

I. — **Por que** você não comeu toda a refeição?
II. — **Porque** estou satisfeita. Fique tranquila.
III. — Só perguntei **porque** me preocupo com você.

a) ☐ I.
b) ☐ II.
c) ☐ III.
d) ☐ I, II e III.

18 Leia um trecho da crônica "Gênesis", de Antonio Prata.

> [...]
> Minha mãe não gostava que nos referíssemos a Vanda como "empregada", preferia "a moça que trabalha lá em casa". Eu estranhava: por que dizer "a moça que trabalha lá em casa", se a todas as moças que trabalhavam nas casas dos outros, os vizinhos chamavam "empregadas"?
> [...]
>
> PRATA, Antonio. Gênesis. In: ____. **Nu, de botas**. São Paulo: Companhia das Letras, 2013. p. 13.

a) Justifique o uso da forma **por que**, destacada no trecho.

_____

b) Reescreva a frase, substituindo a expressão destacada por outra de mesmo sentido.

_____

19 Complete as orações com **porque, porquê, por que** ou **por quê**.

a) Ele está adiantado _____ acordou muito cedo hoje.

b) Não sei _____ ainda não estudaram para a prova.

c) As aulas ainda não começaram. Queria saber _____.

d) Você ainda não me explicou o _____ da sua demora.

20 Assinale a alternativa que completa corretamente as lacunas do texto a seguir.

_____ há tantas faltas neste escritório? Todos querem saber o _____.

Não fui à reunião hoje _____ estava doente. Já Pedro não sei _____ não foi.

a) ☐ Porque, por que, por que, porquê.
b) ☐ Por que, porquê, porque, por que.
c) ☐ Por que, por que, porque, por quê.
d) ☐ Porque, porque, por quê, porquê.

21 Leia as frases a seguir.

I. Por que ela foi embora da festa?
II. Todos querem saber por que ela foi embora da festa.

• Em I e II, a forma do **porquê** está correta? Justifique.

_____

22 Leia a seguir o trecho de uma notícia.

> **São Paulo recebe novos pontos de coleta de resíduo eletrônico**
>
> A cooperativa de Gestão de Resíduos de Equipamentos Eletroeletrônicos (Coopermiti) contará com dois novos pontos temporários de coleta no bairro da Lapa, em São Paulo, como parte das atividades da Semana Mundial do Meio Ambiente. [...]
>
> Pereira [presidente da Coopermiti] explicou que no Brasil há um atraso expressivo com relação à consciência ambiental, **porque** a maioria das pessoas acredita que o problema é dos outros ou do governo, e não se lembra de que todos são responsáveis. "Esse é um paradigma a ser quebrado porque nós, como consumidores, já nos educamos a pesquisar o fornecedor antes de adquirir o produto. Mas com o descarte, não fazemos isso. Não nos preocupamos se o local onde vamos descartar é adequado para aquele tipo de resíduo."
>
> [...]
>
> ALBUQUERQUE, Flávia. São Paulo recebe novos pontos de coleta de resíduo eletrônico. **EBC**, 5 jun. 2019. Disponível em: <http://agenciabrasil.ebc.com.br/geral/noticia/2019-06/sao-paulo-recebe-novos-pontos-de-coleta-de-residuo-eletronico>. Acesso em: 14 jun. 2019.

• Explique o uso do **porque** em destaque no trecho.

_____

UNIDADE 8 — PERÍODO COMPOSTO POR SUBORDINAÇÃO E PONTUAÇÃO

Período composto por subordinação

1 Assinale a alternativa em que há pelo menos um período composto por subordinação.

a) ☐ Desembarcamos no horário previsto e não chegamos atrasados.

b) ☐ Desembarcamos no horário previsto, não chegamos atrasados, mas adiamos o encontro.

c) ☐ Desembarcamos no horário previsto e não nos atrasamos para o encontro, que foi adiado.

d) ☐ Desembarcamos no horário previsto e não nos atrasamos para o encontro.

2 Leia a frase a seguir e assinale a classificação correta da oração subordinada.

Quanto mais você estudar, mais irá aprender.

a) ☐ Oração subordinada adverbial causal.

b) ☐ Oração subordinada adverbial comparativa.

c) ☐ Oração subordinada adverbial temporal.

d) ☐ Oração subordinada adverbial proporcional.

3 Na frase a seguir, localize e transcreva a parte da oração em que se encontra uma relação de causalidade.

Ontem à noite, as crianças, esgotadas de tanto esperar, foram dormir, visto que a tempestade insistia em não passar.

_____

4 Na oração a seguir, há uma oração subordinada adverbial.

Se continuar por esse caminho, não haverá retorno possível.

a) Identifique-a e substitua a conjunção por outra, fazendo as alterações necessárias, mas mantendo o mesmo valor semântico.

_____

b) Explique o significado dessa oração subordinada a partir do uso da conjunção.

_____

5 Considere as frases a seguir e responda às questões.

I. Naquele tempo em que o parque era aberto, a comunidade se reunia toda por lá.

II. O parque teve de fechar as suas portas devido ao abandono das autoridades.

a) Identifique e classifique a oração subordinada de cada uma dessas frases.

b) Explique a diferença de sentido das orações subordinadas.

6 Leia a tirinha e responda às questões.

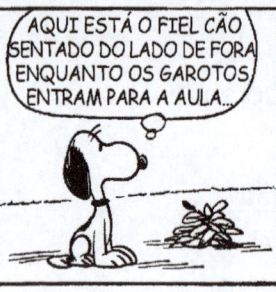

a) Classifique sintaticamente as orações:

I. "que a escola libere os garotos" (3º quadro)

II. "que está perdendo seu tempo" (4º quadro)

b) No segundo quadrinho, há uma oração subordinada adverbial. Qual? Explique o sentido do advérbio na oração.

7 Assinale a alternativa que apresenta uma oração subordinada adjetiva.

a) ☐ Alice disse que tiraria uma nota baixa naquela prova difícil.
b) ☐ Fiquei feliz por saber que Alice tirou nota alta naquela prova difícil.
c) ☐ Alice estudou tanto que tirou nota alta naquela prova difícil.
d) ☐ Alice, que era a melhor aluna da classe, tirou nota alta naquela prova difícil.

8 Leia as frases a seguir e responda às questões.

I. Os clientes que já são antigos poderão parcelar suas compras em até doze vezes.

II. Os clientes, que já são antigos, poderão parcelar suas compras em até doze vezes.

a) Classifique as orações subordinadas nas frases.

_____
_____
_____
_____

b) Escolha uma das frases para compor uma campanha publicitária voltada aos clientes antigos e use o espaço reservado na imagem para apresentar o seu anúncio. Explique sua escolha.

_____
_____
_____
_____

89

9 Leia a frase a seguir e responda à questão.

Nos dias de verão, tomamos sorvete, descemos para a piscina e andamos pela praça do bairro, por isso não dormimos cedo.

- Quantas orações há nesse período composto?

a) ☐ Uma.
b) ☐ Duas.
c) ☐ Três.
d) ☐ Quatro.

10 Leia o trecho do romance **O guarani**, de José de Alencar, e responda às questões.

> [...]
> Enquanto falava, um assomo de orgulho selvagem da força e da coragem brilhava nos seus olhos negros, e dava certa nobreza ao seu gesto. Embora ignorante, filho das florestas, era um rei [...].
>
> José de Alencar

a) Quantas orações há nesse trecho?

___

b) Classifique e explique as orações no fragmento:

"Enquanto falava, um assomo de orgulho selvagem da força e da coragem brilhava nos seus olhos negros [...]".

___
___
___
___
___

11 Leia a frase a seguir e responda à questão.

Todo jornalista espera que sua notícia seja isenta e clara.

- Quantas orações há no período e qual a relação entre elas?

a) ☐ 3 orações (jornalista, notícia, isenta) independentes entre si.
b) ☐ 2 orações (espera e seja), sendo a segunda subordinada à primeira.
c) ☐ 2 orações (espera e seja), sendo a primeira subordinada à segunda.
d) ☐ 1 oração (espera) coordenada apenas.

Período composto por subordinação – Orações subordinadas substantivas

12 Assinale a alternativa que classifica corretamente as orações subordinadas substantivas a seguir.

I. Carlos necessita de que você o ajude no trabalho.

II. Desejo que todos os sonhos sejam realizados neste novo ano.

a) ☐ I. Oração subordinada substantiva objetiva indireta; II. Oração subordinada substantiva objetiva direta.

b) ☐ I. Oração subordinada adverbial; II. Oração subordinada substantiva objetiva direta.

c) ☐ I. Oração subordinada adjetiva; II. Oração subordinada substantiva objetiva indireta.

d) ☐ I. Oração subordinada substantiva objetiva direta; II. Oração subordinada substantiva objetiva indireta.

13 Leia a frase a seguir e responda à questão.

Lembro-me **de que ele sempre estava por perto** quando eu precisava.

• A oração em destaque é uma:

a) ☐ oração subordinada substantiva subjetiva.
b) ☐ oração subordinada adverbial temporal.
c) ☐ oração subordinada substantiva objetiva indireta.
d) ☐ oração subordinada substantiva objetiva direta.

14 Observe as três frases a seguir e responda à questão.

I. Temos esperança **de que o novo governo seja bem-sucedido**.

II. A diretoria da fábrica descobriu **que os operários planejavam uma paralisação**.

III. A realidade é **que a atual conjuntura global dificulta o crescimento econômico**.

• Classifique sintaticamente cada uma das orações em destaque. Justifique sua resposta.

_____
_____
_____
_____
_____
_____

15 Leia a estrofe do poema a seguir.

> ### Di – Versos
> [...]
> Entre a revolta e a obediência,
> Crescer com as diferenças e
> Crescer pelas diferenças
> Será sempre entender que o amor
> É a nossa maior forma de inteligência.
>
> YUKA, Marcelo. Di – Versos. **Revista Observatório Itaú Cultural**, São Paulo: Itaú Cultural, n. 8, p. 131, abr./jul. 2009. Disponível em: <http://d3nv1jy4u7zmsc.cloudfront.net/wp-content/uploads/itau_pdf/001516.pdf>. Acesso em: 13 jun. 2019.

a) Localize na estrofe a oração subordinada substantiva.
___

b) Agora, identifique a oração principal.
___

c) Que estratégia você utilizou para identificar a oração principal?
___
___
___

16 Observe a ilustração.

a) Utilize uma das expressões a seguir para elaborar uma oração subordinada substantiva, relacionada à ilustração.

   I. É necessário...
   II. É importante...
   III. O mundo será melhor...
___
___

b) As orações elaboradas estão conectadas por meio de qual conjunção integrante?
___

17 Leia a frase a seguir e responda às questões.

Aguardamos sua ligação.

a) Existe oração subordinada substantiva na frase acima? Justifique.

_____

_____

_____

b) Crie uma oração subordinada substantiva com base na frase.

_____

c) Classifique a oração principal e a oração subordinada da frase que criou.

_____

18 Analise o período a seguir.

Não sei se chegaremos a tempo.

a) Quantas orações existem?

_____

b) De que maneira foi possível identificar a quantidade de orações?

_____

c) Identifique a oração subordinada substantiva no período acima.

_____

19 Leia as frases a seguir e responda às questões.

I. Tinha medo da chuva.
II. Queria que eles fossem felizes.
III. Não esperava que eles viessem a pé.

a) Identifique o infinitivo dos verbos presentes em cada uma das frases.

_____

b) Todas as frases possuem uma oração subordinada substantiva? Explique.

_____

_____

c) Faça as alterações necessárias para que todas as frases possuam orações subordinadas substantivas.

_____

Pontuação: vírgula

20 Leia a frase e assinale a alternativa que melhor explica o uso das vírgulas.

> Maria foi à feira comprar banana, maçã, mamão, batata e tomate.

a) ☐ Separar palavras com a mesma função sintática.
b) ☐ Isolar palavras explicativas.
c) ☐ Isolar o vocativo.
d) ☐ Separar orações coordenadas.

21 Assinale a oração que apresenta o uso correto da vírgula para separar um adjunto adverbial de tempo.

a) ☐ A moça me ligou naquela manhã de domingo, desesperada.
b) ☐ No início do verão, as pessoas ficam mais animadas.
c) ☐ Aquele papel, ou melhor, aquele documento está atrasado.
d) ☐ Marina, não se esqueça de levar seus livros amanhã cedo.

22 Leia o trecho da crônica "O livreiro Garnier", de Machado de Assis, e responda às questões.

> [...]
> Nem mortos, nem vivos. Vivos há-os ainda, e dos bons, que alguma coisa se lembrarão daquela casa e do homem que a fez e perfez. Editar obras jurídicas ou escolares não é mui difícil; a necessidade é grande, a procura, certa. Garnier, que fez custosas edições dessas, foi também editor de obras literárias, o primeiro e o maior de todos.
> [...]
>
> Machado de Assis

a) Reescreva a frase em que a vírgula é utilizada para omissão de um verbo. Qual verbo é omitido?

_____
_____
_____

b) Qual a relação da expressão "e dos bons" entre vírgulas e a oração que a precede "Vivos há-os ainda"?

_____
_____

23 Leia o texto a seguir e responda à questão.

> Recife 15 de maio de 2005.
> Fábio como está você?
> Espero que tenha chegado bem em Salvador e que já tenha retomado sua rotina. Escrevo pois estava me sentindo mal depois da nossa última conversa. Acho que discutimos sem motivo ou melhor a razão não é digna da nossa amizade.
> Ontem à noite quando cheguei em casa fiquei relembrando a cena da briga e me pareceu fútil. Eu fiquei nervosa com sua brincadeira mas não queria que notasse e fui embora mais cedo.
> Não quero que fique uma má impressão entre a gente e também gostaria de reencontrá-lo quando vier novamente para cá. Combinado?
> Um beijo
> Verônica

- Reescreva a carta colocando as vírgulas que foram suprimidas.

_____
_____
_____
_____
_____
_____
_____
_____

24 Assinale a alternativa em que o uso da vírgula e a justificativa entre parênteses estejam de acordo com a norma-padrão.

a) ☐ Venha, Mariana, pra dentro de casa agora! (isolamento do vocativo)

b) ☐ Ontem à tarde a menina, caiu na rua. (separação de sujeito e predicado)

c) ☐ Comprei camisetas, calças e vestidos. (isolamento do aposto)

d) ☐ A menina parou o jogo, pegou a bola, entrou em casa. (isolamento de expressões explicativas).

25 Leia o texto a seguir e responda às questões.

Machado de Assis, nascido Joaquim Maria Machado de Assis, no Rio de Janeiro, em 1839, é considerado um dos escritores mais importantes, senão o maior, da literatura brasileira. Ele escreveu, em vários gêneros literários: poesia, prosa, dramaturgia e crônica. Foi testemunha da abolição da escravatura e da proclamação da República. De origem pobre, era mestiço, estudou em escolas públicas, mas nunca frequentou um curso superior. Interessado pela boemia e pelas atribulações da vida intelectual, assumiu diversos cargos como funcionário público e, logo, conseguiu, espaço para publicar seus textos em jornais. Foi o fundador e primeiro presidente da Academia Brasileira de Letras.

a) No parágrafo, há passagens em que algumas vírgulas foram empregadas incorretamente. Transcreva-as e explique.

_____

_____

b) No trecho "gêneros literários: poesia, prosa, dramaturgia e crônica.", explique o uso das vírgulas depois dos dois-pontos.

_____

_____

26 Assinale a alternativa que utiliza a vírgula de acordo com a norma-padrão.

a) ☐ Os alunos do Ensino Médio, poderão, se quiserem, participar da reunião do Grêmio.

b) ☐ Nós, professores da escola, sugerimos, que os alunos participem do Grêmio.

c) ☐ Quando estava no Ensino Médio, participei de muitas reuniões do Grêmio.

d) ☐ A direção gostaria, de que os alunos, do Ensino Médio, discutissem sobre o Grêmio.

27 Leia as frases do quadro e explique a diferença entre elas.

| I. Não quero comer! | II. Não, quero comer! |
| III. Entendo obrigado. | IV. Entendo, obrigado. |